Peter Kruppa

GEDÄCHTNIS TRAINER

DER SCHLÜSSEL ZUM ERFOLG

Trainingsprogramm für ein
Powergedächtnis

Methoden für die schnelle und
effiziente Informationsaufnahme

Lernstrategien für eine
überzeugende Vortragstechnik

SÜDWEST

INHALT

Vorwort: Im Informationszeitalter

Eine rasant ansteigende Datenflut prägt den Übergang ins 21. Jahrhundert, und Schlagwörter wie Multimedia, Globalisierung und Datenautobahn rücken immer mehr in den Mittelpunkt des menschlichen Bewusstseins. Die von Tag zu Tag wachsende Informationsfülle bedingt natürlich auch eine erhöhte geistige Leistung des Einzelnen und eine stärkere Beanspruchung seines Gedächtnisses. Zwar kann man beobachten, wie Computergenerationen immer schneller werden, die Leistungsfähigkeit von Maschinen stetig zunimmt, aber das menschliche Gedächtnis scheint mit dieser Entwicklung nicht immer Schritt halten zu wollen. Das ist jedoch ein Irrglaube, dem man wirkungsvoll entgegensteuern kann.

Ein gutes Gedächtnis hilft, mit den geistigen Herausforderungen der modernen Informationsgesellschaft fertig zu werden.

Tatsachen: Wissenschaftler schätzen, dass sich das Wissen der Menschheit etwa alle fünf Jahre verdoppelt. Allein das Deutsche Zentralarchiv benötigt jährlich an die vier Kilometer neue Regale, um die Informationsflut für die Nachwelt zu erhalten.

Die Power steckt in Ihnen

Mit die wichtigsten Voraussetzungen für den beruflichen, persönlichen und wirtschaftlichen Erfolg sind angesichts der modernen Informationsgesellschaft ein gutes Gedächtnis, effiziente Lesemethoden sowie überzeugende Vortragstechniken. Dieser Ratgeber bietet sowohl ein spezielles Trainingsprogramm mit vielen praktischen Hinweisen, wie Sie Ihr Gedächtnis optimal verbessern können, als auch gezielte Informationen über wirklich effektives Lesen und darüber hinaus die Möglichkeit, Reden besser und Gewinn bringender vorzubereiten und zu halten. Dabei beinhaltet jeder Themenschwerpunkt einen Test, der Ihnen Ihren aktuellen Leistungsstand aufzeigt, gefolgt von vielen Übungen, die Ihnen helfen, Ihre jeweiligen Fähigkeiten zu optimieren.

Sie müssen jedoch nicht sofort wie ein Kurzstrecken-
läufer zu Höchstleistungen auflaufen, sondern können
mit nur zehn Minuten Einsatz am Tag Ihre Gedächtnisleistung grundlegend steigern. Sie werden im Lauf der
Zeit alle Arten von Informationen wie Zahlen, Namen
und Gesichter, Daten, Termine, Textinhalte, Witze und
dergleichen mehr besser behalten und merken, wie
sich Ihre Konzentrationsfähigkeit nachhaltig verbes-

**Um die täglich
wachsende Flut an
Informationen zu
verarbeiten,
braucht man ein
gutes Gedächtnis.**

sert. Außerdem schärfen Sie auf diese Weise Ihren Verstand und
schulen Ihr logisches Denken – beides unerlässliche Voraussetzungen für schnelles, effektives Lesen und erfolgreiche Redetechniken,
die im Anschluss an den großen Block der verschiedenen Trainingseinheiten behandelt werden.

Wer rastet, der rostet – dieser Satz gilt mehr denn je in diesem Informationszeitalter, das lebenslanges Lernen zur Regel werden
lässt. Schaffen Sie dafür die positiven Voraussetzungen, indem Sie
Ihr Gedächtnisvermögen einem gezielten Fitnesstraining unterzie-
hen. Sie werden sehen, wie leicht das geht
und auch noch Spaß bereitet!

Der Autor

UNSER GEHIRN – DAS PHÄNOMENALE GEDÄCHTNISORGAN

»Ein Kopf ohne Gedächtniskraft ist wie eine Festung ohne Besatzung.«

(NAPOLEON I.)

»Jetzt habe ich doch glatt den Geburtstag vergessen! Wo habe ich bloß die Autoschlüssel hingelegt? Wie war doch gleich der Name? Wieso kann ich mir nie die Bankverbindung oder meine Geheimnummer merken? Kann mir einer sagen, ob er meine Brille irgendwo gesehen hat?« Diese Alltagserfahrungen sind Ausdruck eines Problems, das allen Menschen zu schaffen macht: die Vergesslichkeit. Nehmen Sie einen vergessenen Geburtstag oder einen verschwitzten Termin nicht zum Anlass, grundlegend an Ihrem Gedächtnis zu zweifeln. Wer viel im Kopf hat, kann beim Einkaufen schon einmal etwas vergessen. Das ist völlig normal. Und nach einem aufreibenden Arbeitstag eine Sendung im Fernsehen zu verpassen – das ist das Normalste auf der Welt.

> **Vergesslich ist jeder Mensch immer mal wieder – kein Grund, gleich in Selbstzweifel zu verfallen.**

Oftmals redet man sich gesundheitliche Gründe für auftretende Erinnerungslücken ein. Das Fatale daran: Der Körper reagiert entsprechend auf die innere Einstellung. Selbstzweifel sind daher Gift für Körper und Geist, die man nicht zulassen sollte, denn gegen Erinnerungslücken, Vergesslichkeit und Denkblockaden kann etwas unternommen werden.

Auch Kinder sind vergesslich!

Vergessen ist eine ganz normale Alltagserfahrung! Beobachten Sie bitte einmal, was kleine Kinder so alles vergessen: zum Beispiel Spielzeug, das im Kindergarten liegen bleibt, Hefte, die unter der Schulbank vergessen werden, oder ein simpler Begriff, dessen Bedeutung ihnen einfach entfallen ist. Kein Kind käme je auf den Gedanken, deshalb gleich an sich zu zweifeln, frei nach dem Motto: »Mein Gott, ich glaub' ich hab' Alzheimer! Ich bin erst sechs Jahre alt und schon so entsetzlich vergesslich!«

VERGESSEN IST LEBENSWICHTIG

Bitte halten Sie einen Augenblick inne, und schauen Sie sich Ihre momentane Umgebung an. Schätzen Sie einmal, wie viele Informationen Sie über Ihre Sinneswahrnehmung (sehen, fühlen, riechen, schmecken) registrieren. 10, 100, 1.000 oder gar 10.000? In der Tat haben Gehirnforscher herausgefunden, dass pro Sekunde etwa zehn Millionen Informationen auf den Menschen einströmen. Trotz der gewaltigen Kapazität des menschlichen Gehirns, hat die Natur dort mehrere Informationsfilter installiert, um es vor Reizüberflutung zu bewahren. Welchen Sinn würde es auch machen, jedes noch so kleine Detail für immer abzuspeichern? Hierzu ein kleiner Test:

Zum Schutz vor Reizüberflutung hat die Natur Informationsfilter im Gehirn eingebaut.

Können Sie sich noch im Detail erinnern, was Sie auf den Tag genau vor einem Jahr machten? Passierte damals etwas Merkwürdiges? Welche Kleidung trugen Sie, und was gab es zu essen? Welche Personen haben Sie getroffen, wo sind Sie überall gewesen, und welche Arbeiten haben Sie erledigt? Die Gedächtnisfilter schützen uns davor, überflüssigen Informationsballast abzuspeichern.

Tatsachen: Extrem selten sind Menschen mit einem so genannten fotografischen Gedächtnis. Sie brauchen nur einen Blick auf die Seite eines Telefonbuchs zu werfen und können sie noch Jahre später exakt wiedergeben.

Die angesprochene Filterfunktion können Sie sich gut vor Augen führen, wenn Sie z. B. an die Zeit Ihrer ersten großen Liebe zurückdenken. Vielleicht fällt Ihnen ein ganz bestimmter Tag dazu ein (das erste Kennenlernen, die erste Einladung, das erste Rendezvous, der Hochzeitstag usw.). Nehmen wir einmal an, Sie können sich noch genau an den Tag erinnern, an dem Sie sich das erste Mal leidenschaftlich küssten. Wissen Sie noch? – Natürlich. Ihnen fallen dazu noch viele Dinge ein (das Aussehen der oder des Liebsten, Kleidung, Tageszeit, Ort usw.). Was aber haben Sie am Tag vorher gemacht? Die Zeitgedächtnisse sind optimale Bedeutungsgeber und trennen merk-würdige Informationen von unwichtigen.

DIE INFORMATIONSFILTER IM KOPF – ULTRAKURZ-, KURZ- UND LANGZEITGEDÄCHTNIS

Der Mensch besitzt drei Zeitgedächtnisse: das Ultrakurzzeitgedächtnis (UKZG), das Kurzzeitgedächtnis (KZG) und das Langzeitgedächtnis (LZG). Daten, die das Gehirn über unsere Wahrnehmungskanäle erreichen, werden zuerst vom Ultrakurzzeitgedächtnis bis zu 20 Sekunden lang gespeichert. Werden sie nicht für bedeutsam (merk-würdig) befunden, gehen sie für immer verloren. Automatisierte Handlungsabläufe wie Zähneputzen, Autofahren oder Telefonieren fallen unter diese Kategorie.

Je länger man sich mit etwas beschäftigt, desto besser bleibt es im Gedächtnis haften.

Beim ersten Kuss dagegen ist es anders. Dieses Erlebnis wird vom Gehirn als extrem wichtig eingestuft und sofort an den nächsten Zeitfilter, das Kurzzeitgedächtnis, weitergeleitet, wo diese Information bis zu 20 Minuten gespeichert wird. Das Kurzzeitgedächtnis dient, wie der Name schon sagt, dazu, kurzfristig benötigte Daten, wie z. B. die Einkaufsliste für den Supermarkt oder den Arzttermin, zu behalten. Danach können diese Informationen getrost gelöscht werden.

Anders beim Ersten-Kuss-Erlebnis: Man denkt tagelang an das Ereignis und hegt die Vorstellung, wie es gewesen ist. Danach ist das Erlebnis unauslöschlich im Langzeitgedächtnis verankert.

Dem Gedächtnis kann man enorm auf die Sprünge helfen, wenn die Filtereigenschaften der Zeitgedächtnisse beim geistigen Fitnesstraining berücksichtigt werden:

UKZG Die kurzfristige Datenspeicherung wird gesteigert, indem die 20-Sekunden-Spanne trainiert wird.

KZG Mit Informationen, die länger im Gedächtnis gespeichert werden sollen, muss man sich mindestens 20 Minuten lang beschäftigen.

LZG Für das Langzeitgedächtnis kann man ungewöhnliche Erinnerungshilfen nutzen, die dem Gehirn Wichtigkeit signalisieren. Dazu werden »trockene« Informationen unter Umständen mit Eigenschaften wie Humor, Farbe, Rhythmus, Bewegung, Absurdität usw. verknüpft.

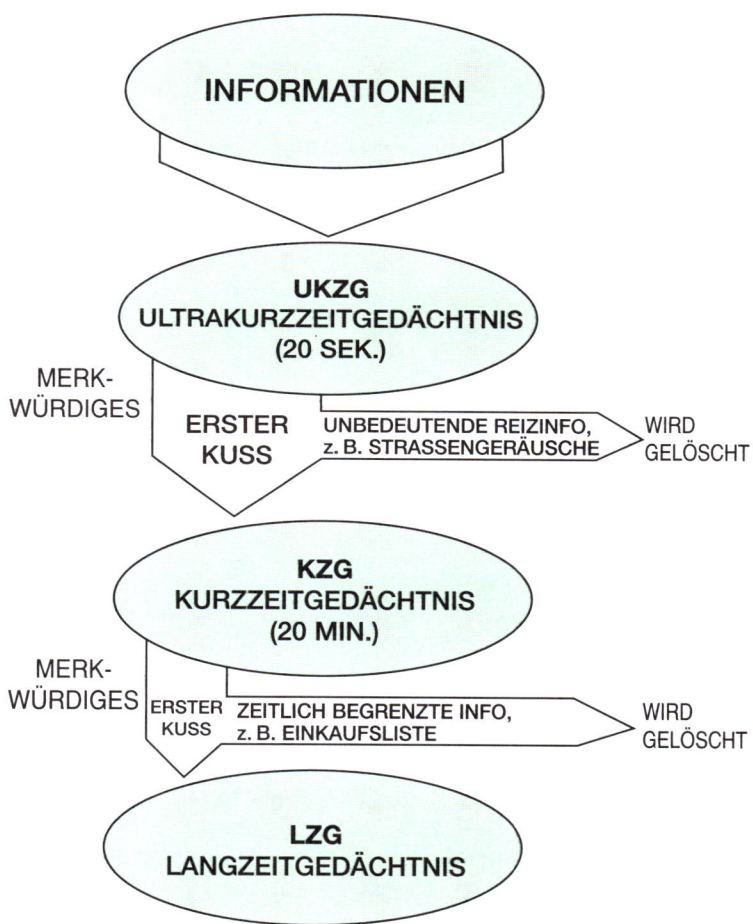

Beispiel – ein ungewöhnlicher Terminkalender

Angenommen, Sie müssen an einem Tag Folgendes erledigen:

1. Herrn Käberle anrufen, um einen Termin zu vereinbaren.
2. Einen Brief an das Finanzamt schreiben.
3. Von einer Heizungsfirma Prospekte anfordern.
4. Formular für Überweisung an den Vermieter bei der Bank abgeben.
5. Ausgeliehene Bücher in die Bücherei zurückbringen.
6. Butter, Milch und Käse einkaufen.

Zu 1. Konstruieren Sie nun zu Tagesbeginn gedanklich eine absurde Geschichte, die vielleicht so aussehen könnte: Sie überlegen sich, dass das Wort »Käberle« eigentlich fast wie Kälberle klingt. Sie stellen sich vor, wie Herr Käberle auf einem kleinen Kalb in einem Kuhstall sitzt. Sie können den Geruch förmlich riechen. Als Sie ihn anrufen wollen, fällt Ihnen der Apparat auf den Fuß. Sie *fühlen* einen starken Schmerz.

Zu 2. Beim Brief an das Finanzamt überlegen Sie sich, Ihre Steuern das nächste Mal in Ein-Pfennig-Stücken zu bezahlen. In Ihrer Vorstellung malen Sie sich die Situation mit all ihren Konsequenzen genau aus.

Zu 3. Während Sie gedanklich den Brief schreiben, sitzen Sie mit dickem Schal, Pudelmütze und Winterjacke vor dem Computer. Sie frieren, denn Ihre Heizung ist schon wieder ausgefallen. Höchste Zeit, eine neue anzuschaffen und Prospekte zu studieren.

> **Tipp:** Je gegensätzlicher die Vorstellungen sind, desto besser bleiben diese im Gedächtnis haften. Im Hochsommer ist es natürlich ungewöhnlich, an Wintersituationen zu denken.

Ungewöhnliche Vorstellungen an eine zu speichernde Information koppeln.

Zu 4. Auf dem Weg zur Bank sind Ihnen lauter Missgeschicke passiert. Zuerst ist Ihnen das Überweisungsformular in eine Pfütze gefallen. Mit Ihrem Taschentuch entfernen Sie die Schmutzreste. Dann sind Sie in einen Hundehaufen getreten und haben sich dabei an einem Zaun die Hose zerrissen. Anschließend wäre Ihnen fast ein Blumentopf auf den Kopf gefallen. Zuletzt sind Sie zu spät gekommen. Die Bank hat gerade vor zehn Minuten geschlossen.

Zu 5. Als Sie die ausgeliehenen Bücher zurückbringen, trifft Sie fast der Schlag. Der Bibliothekar verlangt tatsächlich eine Million DM Versäumnisgebühr!

Zu 6. Und als Sie den Supermarkt betreten, um Butter, Milch und Käse zu besorgen, werden Sie von einer Schar Fotografen und der Geschäftsleitung empfangen. Sie sind der zehnmillionste Kunde! In einem großen Festakt werden Sie geehrt und bekommen natürlich auch etwas geschenkt. Ein Künstler hat eine lebensgroße Skulptur von Ihnen aus reiner Butter modelliert. Außerdem dürfen Sie sich mit frischer Vollmilch aufwiegen lassen. Und schließlich bekommen Sie so viel Harzer Käse, wie Sie tragen können.

Schließen Sie nun die Augen, und lassen Sie die grotesk-phantasievollen Episoden noch einmal vor Ihrem geistigen Auge Revue passieren. Stellen Sie sich die Einzelheiten bildhaft vor, versuchen Sie Gerüche nachzuempfinden, und beziehen Sie Geräusche mit ein. Überlegen Sie sich mögliche Dialoge zwischen den beteiligten Personen. Ist auf diese Weise der zugegeben etwas ungewöhnliche Terminkalender nicht leichter in Erinnerung geblieben?

Wenn bei der Informationsspeicherung alle Sinneswahrnehmungen eine Rolle spielen, fällt die Erinnerung leichter.

WIE DAS GEHIRN FUNKTIONIERT

Doch welche Vorgänge liegen diesem Akt der Erinnerung, d. h. dem Denken und daraufhin auch dem Gedächtnis, eigentlich zugrunde? Das menschliche Gehirn besteht, ähnlich wie bei einem Supercomputer, aus bis zu 100 Milliarden Schaltstellen, sprich: Gehirnzellen. Diese Zellen können über einen chemischen Prozess miteinander kommunizieren und so Informationen weiterleiten. Wissenschaftler nennen diesen Vorgang Synapsenbildung.

Der klassische Black-out

Wissenschaftler haben herausgefunden, dass Adrenalin und Noradrenalin die Synapsenbildung stören können. So wird verständlich, dass einen in einer Stresssituation die einfachsten Dinge nicht einfallen wollen. Der Informationsaustausch der Gehirnzellen kann dann nicht mehr stattfinden. Sicher kennen Sie dieses klassische Beispiel aus Ihrer eigenen Schulzeit: Sie sind während einer Unterrichtsstunde mit Ihren Gedanken ganz woanders, als Ihnen plötzlich der Lehrer eine Frage stellt. Obwohl Sie die Frage normalerweise sofort beantworten könnten, führt Ihre Aufgeregtheit zu einem sofortigen Ausstoß von Adrenalin und Noradrenalin, was die entscheidende Schaltstelle im Gehirn blockiert. Die Antwort »liegt auf der Zunge«, ist im Moment jedoch wie weggeblasen.

Die biologischen Fakten über das Gehirn

- Das Gehirn benötigt innerhalb von 24 Stunden ca. 1.000 Liter Blut.
- Es besitzt annähernd 100 Milliarden Nervenzellen, wovon nur fünf bis zehn Prozent genutzt werden. Der Rest ist Reserve.

- Jeden Tag muss es mit 71 Litern Sauerstoff versorgt werden.
- Der tägliche Energieverbrauch liegt bei ca. 100 Gramm Glukose (Traubenzucker), das sind etwa 20 Prozent des Gesamtaufkommens des Körpers.
- Es kann bis zu 1.400 Gramm wiegen, das Gewicht macht jedoch keine Aussage über die Intelligenz, die geistige Fitness oder die Kreativitätsleistung des Gehirns.

Fitmacher: Denkblockaden, Zerstreutheit oder geistige Ermattung können auch an einem niedrigen Blutzuckerspiegel liegen. Ein kleines Stück Traubenzucker, eine Birne oder ein Glas Fruchtsaft bringen die kleinen grauen Zellen wieder in Schwung. Und auch dieser Powerdrink macht so richtig fit im Kopf:
Geben Sie 1 bis 2 Bananen, 1/2 Liter Milch, 1 Eigelb, 2 Teelöffel Honig, 1 Teelöffel Öl, 1 Teelöffel Sesamkerne und etwas Sojapulver in einen Mixer. Das Ganze gut durchmischen und mit frisch gepresstem Zitronensaft abschmecken.

Die Gehirnarchitektur

Eigentlich besitzen wir nicht ein Gehirn, sondern zwei, die über einen Strang aus Nervenfasern miteinander verbunden sind, wie die nachfolgende Skizze zeigt:

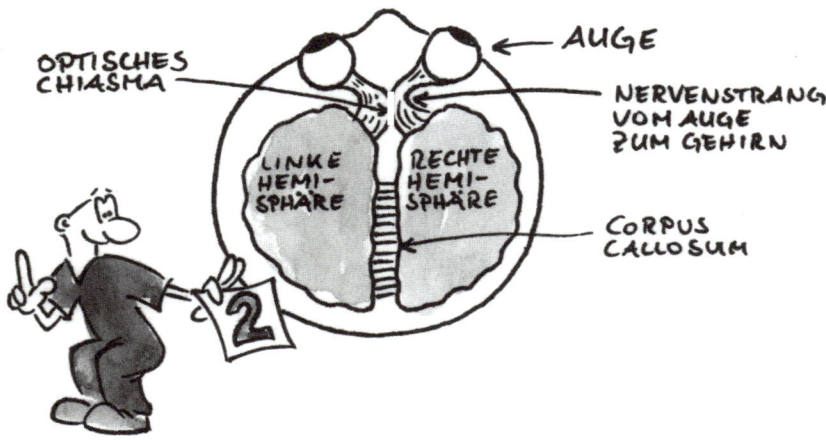

Das Großhirn teilt sich in zwei Bereiche, die linke und die rechte Hemisphäre. Als Brücke dient ein Strang aus Nervenfasern, das Corpus callosum. Das optische Chiasma leitet dabei Informationen von der linken Sehhälfte in die rechte Gehirnhälfte und umgekehrt.

Wie erreichen Informationen das Gehirn?

Informationen werden vom Gehirn gleichsam »gekreuzt« aufgenommen. Das bedeutet, alles, was wir rechtsseitig wahrnehmen, wird von der linken Gehirnhälfte verarbeitet, linksseitige Wahrnehmungen von der rechten Hälfte. Wenn wir also jemandem zur Begrüßung die rechte Hand reichen, kommt der Befehl dazu aus der linken Hemisphäre. Nehmen die Augen ein Signal auf der rechten Seite wahr, wird es über die Linsen auf die linke Seite jeder Netzhaut projiziert. Von dort gelangt es über bleistiftdicke Nervenbündel an einen Kreuzungspunkt, das optische Chiasma. Hier wird die Information beider Augen in die linke Gehirnhälfte weitergeleitet.

Das Gehirn arbeitet seitenverkehrt, d. h., körperliche rechtsseitige Aktionen werden von der linken Gehirnhälfte gesteuert.

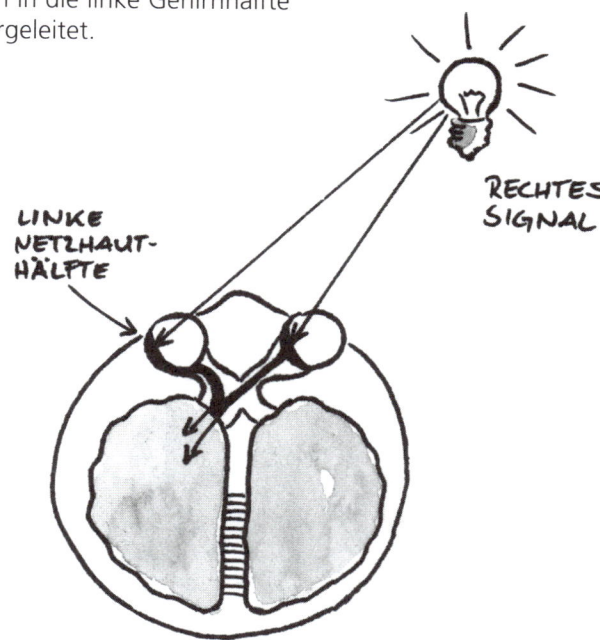

RECHTES SIGNAL

LINKE NETZHAUT-HÄLFTE

In unserer Gesellschaft dominieren heute eindeutig die Ansprüche an die linke Gehirnhälfte, in der das logische und analytische Denken stattfindet.

Ein Objekt wird immer von beiden Sehhälften erfasst und sollte deshalb – so könnte man folgern – auch von beiden Gehirnhälften mit gleicher Intensität verarbeitet werden. Leider haben wir uns im Lauf der Entwicklung eine linkslastige Präferenz angewöhnt. Das hat auch entwicklungspsychologische Ursachen:

- Der typische Rechtshänder leitet durch seine Tätigkeiten Informationen überwiegend in die linke Gehirnhälfte. Beispiele hierfür sind: Schneeball werfen, Schreiben, Tennis spielen, Schneiden mit der Schere usw (siehe Seite 12).
- Die Regelungen im Straßenverkehr: rechts vor links, auf der rechten Seite fahren.
- Die Einhaltung gesellschaftlicher Normen wie: Begrüßung mit der rechten Hand, oder das Messer, der Suppenlöffel liegen immer rechts vom Teller.

Die Linkslastigkeit wird insbesondere auch in der Schule und an der Universität gefördert. Das hängt mit den unterschiedlichen Aufgabenschwerpunkten jeder Gehirnhälfte zusammen, wie das nebenstehende Schaubild verdeutlicht.

Die Firma Gehirn

Verglichen mit einer Firma lässt sich das Gehirn in zwei Gebäudekomplexe aufteilen, die nur durch einen schmalen Gang, das so genannte Corpus callosum, miteinander verbunden sind.
Im linken Gebäude sind also gleichsam folgende Zuständigkeiten untergebracht:
- Buchhaltung (Logik, Zahlen, Rechnen)
- Marktanalyse (analytische Vorgänge, Abfolge, Linearität)
- Archiv (Sammeln von Einzelinformationen)
- Presseabteilung (Textanalyse, Sprache)
Im rechten Gebäude befinden sich dagegen folgende Abteilungen bzw. Räume:
- Entwicklungsabteilung (Synthese, Überblick, Dimension)
- Werbeabteilung (Phantasie, Kreativität, Farbe)
- Partykeller (Musik, Tanz, Rhythmus)
- Sporthalle (Bewegung, Zusammenspiel, Spaß, Gemeinschaft)

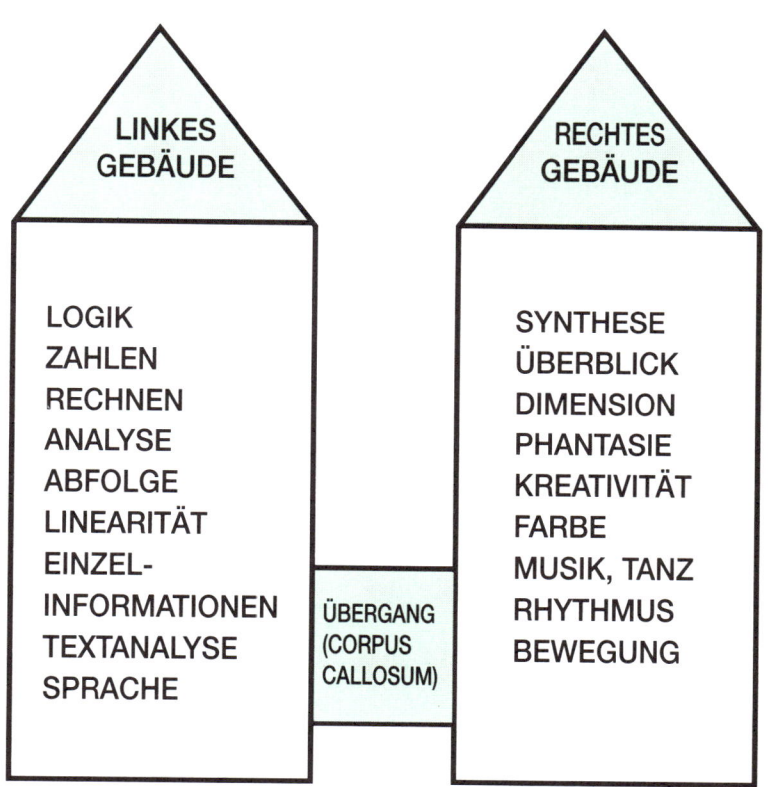

Das Gehirn als Firma. Rechtes und linkes Gebäude symbolisieren die beiden Gehirnhälften mit den unterschiedlichen Aufgabenbereichen.

Leistungen, die überwiegend linksseitig verarbeitet werden, haben insbesondere in der schulischen und in der universitären Ausbildung einen höheren Stellenwert als rechtsseitig erbrachte.

Unser Ausbildungssystem bevorzugt Leistungen, die die linke Gehirnhälfte fordern.

Eine Sechs in Mathematik hat deshalb für einen Schüler größere Folgen als eine Sechs im Fach Kunst oder Musik. Bei der Bearbeitung eines Problems in Schule, Beruf oder Alltag ist primär die linke Gehirnhälfte aktiv, während die rechte gehirnhälfte wie ein schlaffer Muskel herabhängt. Dagegen kann man jedoch effektiv etwas unternehmen.

WECKEN SIE IHRE RECHTE GEHIRNHÄLFTE

Die Fähigkeiten beider Gehirnhälften sind bei allen Menschen vorhanden. Nachgewiesen ist, dass die Leistung des Gedächtnisses steigt, wenn beide Gehirnhälften gleichermaßen in den Denkprozess mit eingebunden werden.

Beide Gehirnhälften gleichermaßen zu beanspruchen ist wichtig und fördert ein gutes Gedächtnis.

Man weiß heute, dass beispielsweise ein Studium der Musik oder der Kunst das mathematische Verständnis fördert und umgekehrt. Ein Beispiel aus der Mathematik soll dies anschaulich machen:
Der klassische Mathematikunterricht lehrt den Satz des Pythagoras auf der formal-symbolischen Ebene (linkes Gehirn), angereichert durch einen Merksatz (linkes Gehirn). Der Pythagorassatz lautet:
Die Summe des Ankathetenquadrats (Strecke a) und des Gegenkathetenquadrats (Strecke b) ergibt die Hypotenuse (Strecke c) zum Quadrat in einem rechtwinkligen Dreieck. Die Formel (beansprucht die linke Gehirnhälfte) lautet:

$$c^2 = a^2 + b^2$$

oder als Skizze (rechte Gehirnhälfte):

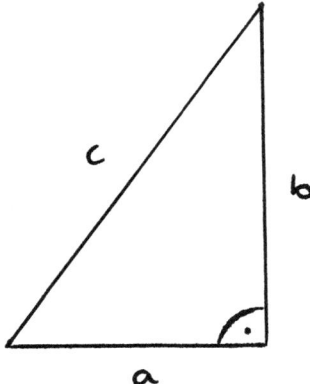

Der mathematische Zusammenhang wird sehr viel deutlicher, wenn man ein praktisches Beispiel (beansprucht die rechte Gehirnhälfte) dazu anführt. Die Gedächtnisleistung erhöht sich dadurch um ein Vielfaches.

Angenommen, Sie haben sich gerade ein Haus bauen lassen. Sie wollen aus Gewährleistungsgründen überprüfen, ob die Baufirma die Räume auch wirklich rechtwinklig gemauert hat. Sie nehmen sich einen Zollstock und messen wie folgt nach: Bei der einen Wandseite tragen Sie 60 Zentimeter ab, bei der anderen 80 Zentimeter. Wenn die Wand rechtwinklig ist, muss die Diagonale genau einen Meter lang sein.

Ein mathematischer Lehrsatz bleibt besser in Erinnerung, wenn er durch ein praktisches Beispiel erläutert wird.

Tipp: Bauen Sie Gedankenbrücken zwischen linker und rechter Gehirnhälfte. So erwerben Sie sich nach und nach ein hervorragendes Gedächtnis.

AKTIVES TRAINING GEGEN DIE VERGESSLICHKEIT

Das geistige Potenzial des Menschen bemisst sich jedoch nicht allein an der Fähigkeit, sich Informationen zu merken. Die gewaltige Kapazität des menschlichen Gehirns lässt sich noch weitaus besser ausschöpfen, wenn alle Bereiche der beiden Gehirnhälften in das Gedächtnistraining miteinbezogen werden. Das folgende Aktivprogramm für das Gedächtnistraining setzt sich vor diesem Hintergrund daher aus vier unterschiedlichen Komponenten zusammen:

1. Konzentration
2. Logik
3. Kreativität
4. Merkfähigkeit

Ihr aktueller Leistungsstand zeigt Ihnen, welche Ihrer geistigen Fähigkeiten noch mit Hilfe eines gezielten Trainings optimiert werden können.

Mit diesem ganzheitlichen Gedächtnistraining helfen Sie Ihren grauen Zellen nachhaltig auf die Sprünge. Zusätzlich zum Aktivprogramm finden Sie ab Seite 54 im Buch zahlreiche Denksportaufgaben mit Aha-Effekt, die Ihnen viel Spaß bereiten werden. Damit Sie einen Überblick über Ihren momentanen Gedächtniszustand haben, machen Sie zuerst den folgenden Test, der nicht Ihre Intelligenz misst, sondern Ihnen sagt, wo Ihre ganz speziellen geistigen »Problemzonen« liegen, die Sie durch gezieltes Training verbessern können.

WIE FIT IST IHR GEDÄCHTNIS?

Dieser Test überprüft in einzelnen Schritten Konzentration, Logik, Kreativität und Merkfähigkeit. Kreuzen Sie dazu in den nachfolgenden Tests jeweils eine Aussage an, und geben Sie anschließend jeder Antwort Punkte, die nach folgendem Schlüssel verteilt werden:

Stimmt: 3 Punkte
Stimmt teilweise: 2 Punkte
Stimmt nicht: 1 Punkt

Konzentrationstest

Ausgangssituation	Stimmt genau	Stimmt teilweise	Stimmt nicht
1. Passiert es Ihnen oft, dass Sie im Keller das Licht brennen lassen?	☐	☐	☐
2. Vergessen Sie häufiger das, was Sie gerade gelesen haben, und müssen noch einmal anfangen?	☐	☐	☐
3. Gehen Sie noch einmal zu Ihrem Auto oder zur Haustür zurück, um zu überprüfen, ob auch wirklich abgeschlossen ist?	☐	☐	☐
4. Können Sie sich nicht mehr an das erinnern, was Sie gerade aus einem anderen Raum holen wollten?	☐	☐	☐
5. Entfallen Ihnen Namen von Menschen, die Sie neu kennen lernen?	☐	☐	☐
6. Wenn Sie aus dem Telefonbuch eine Nummer nachschlagen, entfällt Sie Ihnen gleich wieder und müssen Sie erneut nachsehen?	☐	☐	☐
7. Können Sie gut bei Musik lernen?	☐	☐	☐
8. Entfällt Ihnen nach einem Vortragsbesuch das meiste?	☐	☐	☐
9. Müssen Sie sich über einen Reisetermin öfter vergewissern?	☐	☐	☐
10. Wiederholen Sie versehentlich mehrfach Routinetätigkeiten (z. B. im Briefkasten nachsehen)?	☐	☐	☐

Testauswertung

10 bis 14 Punkte:

Sie können sich sehr gut konzentrieren, und es gibt keine Anzeichen dafür, dass Ihr Gedächtnis geschwächt ist. Ein zusätzliches Konzentrationstraining ist bei Ihrem momentanen Geisteszustand nicht erforderlich.

15 bis 24 Punkte:

Dass Sie sich manchmal nicht so gut konzentrieren können, liegt möglicherweise an einer zu hohen Stressbelastung, einer Krankheit oder einfach an Überanstrengung. Dadurch wird Ihre geistige Leistungsfähigkeit beeinträchtigt. Führen Sie deshalb regelmäßig Konzentrationsübungen durch.

25 bis 30 Punkte:

Unter Ihrem erheblichen Konzentrationsmangel leidet auch das Gedächtnis. Dauerstress kann hierfür eine Ursache sein. Versuchen Sie nicht, unbedingt mehrere Dinge gleichzeitig erledigen zu wollen. Für Sie gilt es, kontinuierlich – am besten täglich – Konzentrationsübungen durchzuführen. Mit konsequentem Training können Sie Ihre Konzentrationsfähigkeit steigern.

Logiktest			
Ausgangssituation	**Stimmt genau**	**Stimmt teilweise**	**Stimmt nicht**
1. Ich habe Probleme, kleine Rechnungen (z. B. das Einmaleins) im Kopf auszuführen.	☐	☐	☐
2. Mit der Fernbedienung meines Fernsehers komme ich nicht klar.	☐	☐	☐
3. Im Ausland brauche ich immer eine Umrechnungstabelle oder einen Taschenrechner, um in die Landeswährung umzurechnen.	☐	☐	☐
4. Mit den Plänen zum Selbstbau von Möbeln komme ich nicht gut zurecht.	☐	☐	☐
5. Die Steuererklärung ist für mich wie ein Buch mit sieben Siegeln.	☐	☐	☐
6. Es fällt mir schwer, den Videorekorder zu programmieren.	☐	☐	☐

Ausgangssituation	Stimmt genau	Stimmt teilweise	Stimmt nicht
7. Ein Fahrrad komplett auseinanderzunehmen und wieder zusammenzubauen ist etwas, was ich unmöglich schaffen könnte.	☐	☐	☐
8. Mit dem Streckenplan einer U-Bahn komme ich nicht so gut zurecht.	☐	☐	☐
9. Bei Knobelaufgaben gebe ich schnell auf.	☐	☐	☐
10. Spiele wie Mühle, Dame, Schach oder Scotland Yard sind nicht mein Fall.	☐	☐	☐

Testauswertung

10 bis 14 Punkte:

Sie besitzen ein wirklich hohes Maß an logischer Denkfähigkeit. Keine Denksportaufgabe, die Sie nicht versuchen zu knacken. Logische Zusammenhänge können Sie gut erkennen und technische Sachverhalte leicht verstehen. Nutzen Sie die im Buch gezeigten Aufgaben, um Ihr persönliches Denkniveau auf diesem Level zu halten.

Tatsachen: Wissenschaftliche Untersuchungen belegen, dass ein regelmäßiges Gehirntraining die Durchblutung fördert und dass die Lebenserwartung geistig aktiver Menschen höher ist.

15 bis 24 Punkte:

Grundsätzlich fällt es Ihnen nicht schwer, leichte logische Zusammenhänge nachzuvollziehen. Sobald es allerdings etwas kniffliger wird, resignieren Sie jedoch zu schnell. Dazu besteht eigentlich kein Grund, denn mit den entsprechenden Übungen können Sie Ihr logisches Denkvermögen trainieren. Probleme lassen sich dann leichter lösen.

25 bis 30 Punkte:

Zahlen sind für Sie vermutlich ein Greuel. Wenn Sie nur einen Bauplan sehen oder eine Bedienungsanleitung durchlesen müssen, verlieren Sie jegliche Lust, sich damit zu beschäftigen.

Mit kleinen Übungseinheiten, die Sie täglich in kurzer Zeit absolvieren, wecken Sie Ihr geistiges Potenzial. Zweifeln Sie auf keinen Fall an Ihren logischen Fähigkeiten. Für Sie gilt: Training, und zwar regelmäßig!

Kreativitätstest			
Ausgangssituation	**Stimmt genau**	**Stimmt teilweise**	**Stimmt nicht**
1. In eine Kunstausstellung gehe ich nur, wenn ich unbedingt muss.	☐	☐	☐
2. Einladungskarten für eine Party oder Feier kaufe ich im Geschäft.	☐	☐	☐
3. Ich spiele kein Musikinstrument und habe auch keine Lust, es zu lernen.	☐	☐	☐
4. Etwas zu zeichnen oder zu malen fällt mir schwer.	☐	☐	☐
5. Gedichte schreiben oder Texte reimen, das kann ich sowieso nicht.	☐	☐	☐
6. Anstatt ein Buch zu lesen, schaue ich lieber einen Film im Fernsehen an.	☐	☐	☐
7. Hobbys sind nichts für mich.	☐	☐	☐
8. Ein Problem zu lösen bereitet mir Schwierigkeiten.	☐	☐	☐
9. Ich gehe ungern ins Theater.	☐	☐	☐
10. Ich fotografiere meistens nur im Urlaub.	☐	☐	☐

Testauswertung

10 bis 14 Punkte:

Sie sind äußerst gern schöpferisch tätig und entwerfen zum Beispiel mitunter für eine Einladung auch schon einmal selbst eine ansprechende Papiercollage, weil Sie Spaß daran haben.
Ihre rechte Gehirnhälfte ist beim Denkprozess sehr aktiv und hilft Ihnen, Sachverhalte aus ganz verschiedenen Perspektiven zu betrachten.
Sie sollten aber trotzdem Ihre linke Gehirnhälfte nicht vernachlässigen.

Kreativität hilft in vielen Lebenssituationen, die Lage vielseitig zu betrachten und immer wieder neue Lösungen zu finden.

15 bis 24 Punkte:

Sie bemühen sich, beide Gehirnhälften zu aktivieren, hören aber bei einem bestimmten Punkt auf. Bei Ihnen ist es so wie mit jemandem, der voller Begeisterung und nahezu überschäumendem Elan beginnt, ein Musikinstrument zu lernen, aber schon nach kurzer Zeit erlahmt die Begeisterung und er bricht den Unterricht ab.
Sie spüren insgeheim Ihr kreatives Potenzial, sind aber nicht in der Lage, es optimal zu aktivieren. Mit den im Buch gezeigten Übungsbeispielen können Sie nach und nach Ihre vorhandene kreative Ader wecken.

25 bis 30 Punkte:

Gehören Sie auch zu den Menschen, die sich auf die Frage: »Hast du schon dieses wirklich tolle Buch gelesen?« mit der Antwort: »Ich warte lieber auf die Verfilmung, damit ich dann von dem Film nicht enttäuscht werde« herauswinden?
Was von Ihnen auf diese Frage so scherzhaft geantwortet wird, beschreibt jedoch nichts anderes als das klassische »Links«-Denken.
Die rechte Gehirnhälfte – verantwortlich für die Kreativität, die beim Lesen auch gefordert ist – wird beim Denkprozess des Öfteren einfach abgestellt. Sie sollten Ihre rechte Gehirnhälfte aber auf keinen Fall so vernachlässigen. Mit nur zehn Minuten täglichen Kreativitätsübungen stärken Sie Ihre Phantasie.
Sie werden dann Probleme und Situationen aus anderen, mitunter überraschenden Blickwinkeln betrachten und zu völlig neuen Ergebnissen gelangen.

Merkfähigkeitstest

Ausgangssituation	Stimmt genau	Stimmt teilweise	Stimmt nicht
1. Nummern aller Art (Telefonnummern, Bankverbindung, Geheimnummern usw.) kann ich mir nur sehr schwer merken.	☐	☐	☐
2. Ich habe ein schlechtes Namensgedächtnis.	☐	☐	☐
3. Während einer Unterhaltung kann ich mich nur selten an einen Film- oder einen Buchtitel erinnern.	☐	☐	☐
4. In einer wichtigen Situation (Prüfung, Konferenz, Referat) sind wichtige Fakten wie weggeblasen.	☐	☐	☐
5. Mir liegt häufiger etwas auf der Zunge, fällt mir aber erst dann ein, wenn es zu spät ist.	☐	☐	☐
6. Von bekannten Liedern, die ich z. B. im Radio höre, fallen mir häufig die Interpreten oder die Titel nicht ein.	☐	☐	☐
7. Geburtstage, Jubiläen oder Verabredungen vergesse ich oft.	☐	☐	☐
8. Preise im Supermarkt kann ich mir nur selten merken.	☐	☐	☐
9. Eine Fremdsprache zu erlernen fällt mir schwer, da ich mir nie die Vokabeln merken kann.	☐	☐	☐
10. An Witze kann ich mich nur sehr schlecht erinnern.	☐	☐	☐

Testauswertung

10 bis 14 Punkte:
Sie haben ein gutes Gedächtnis, was die Merkfähigkeit anbelangt. Vermutlich binden Sie bewusst oder unbewusst bereits beide Gehirnhälften in den Speicherprozess mit ein. Für Sie gibt es keine Anhaltspunkte, dass Sie Ihre Gedächtnisleistung besonders schulen müssen.

15 bis 24 Punkte:
Ihre Erinnerungslücken beruhen vermutlich darauf, dass Sie Ihr Informationsdepot nur über eine (meistens die linke) Gehirnhälfte füllen. Sie verbessern die Datenspeicherung, indem Sie beide Gehirnhälften gleichzeitig benutzen. Für Sie gilt deshalb: Denken Sie mehr mit Ihrer rechten Gehirnhälfte, und fordern Sie sie durch Training so oft es geht heraus.

Gedächtnislücken müssen nicht sein! Stress oder Unterforderung können die Gründe sein – mit nur zehn Minuten Training am Tag schaffen Sie Abhilfe.

25 bis 30 Punkte:
Sie wissen ja, dass zu großer Stress die Gehirnzellen blockieren kann. Die Schaltstellen funktionieren nicht mehr, und Informationen sind urplötzlich nicht mehr auffindbar. Möglicherweise sind Sie gerade sehr durch Ihre Arbeit eingespannt. Das können Sie durch Entspannung vermeiden. Vielleicht ist aber auch Ihr Gedächtnis unterfordert! Dann nämlich fühlen Sie sich wie ein Sportler, der lange nicht trainiert hat, nur sind in diesem Vergleich die Gehirnmuskeln matt und schlaff. Sie können durch regelmäßiges Training zu geistigen Hochleistungen auflaufen. Die nachfolgenden Beispiele zeigen Ihnen wie.

DAS TRAININGSKONZEPT

Der vorangegangene Gedächtnistest hat Ihnen gezeigt, woran es bei Ihrem Gedächtnis hapert. Das nachfolgende Trainingskonzept ist ebenfalls in die Schwerpunkte Konzentration, Logik, Kreativität und Merkfähigkeit gegliedert. Suchen Sie sich Ihre Wunschübungen aus den Beispielen heraus. Jede Trainingseinheit dauert nicht länger als zehn Minuten. Mit den gezeigten zahlreichen Alltagsstrategien können Sie, ohne dieses Buch ständig dabeizuhaben, täglich Ihre grauen Gehirnzellen auf Trab halten, ganz egal wo Sie sich gerade aufhalten. Die Aufgabenlösungen befinden sich im Anhang ab Seite 88. Und nun viel Spaß!

So trainieren Sie Ihre Konzentrationsfähigkeit

Ohne die Fähigkeit, sich auf bestimmte Eindrücke zu konzentrieren, wäre der Mensch bei der heutigen Informationsflut heillos überfordert.

Das moderne Informationszeitalter hilft der Menschheit, schneller und besser miteinander zu kommunizieren. Riesengroße Datenmengen werden auf Knopfdruck sekundenschnell um die ganze Erde transportiert. Der Mensch muss versuchen, mit dieser Entwicklung stets Schritt zu halten und muss sich dabei ständig in hohem Maß konzentrieren.
Die nachfolgenden Übungen helfen Ihnen, gezielt Ihre Konzentrationsfähigkeit auszubauen und um ein Vielfaches zu steigern.

1. Der Geräuschfilter (10 Minuten)
Suchen Sie sich ein Kreuzworträtsel aus einer Tageszeitung heraus. Schalten Sie nur Fernseher und Radio (oder CD-Player) an, und versuchen Sie anschließend, bei dieser Geräuschkulisse das Rätsel ohne Probleme zu lösen.

Varianten: Schreiben Sie bei dieser Reizüberflutung von außen einen Brief, verfassen Sie einen Text, lösen Sie Rechenaufgaben oder zeichnen Sie ein Bild.

2. Die geistige Wegbeschreibung (5 Minuten)
Konzentrieren Sie sich bei Ihrer nächsten Fahrt zur Arbeit oder zum Einkauf auf möglichst viele Einzelheiten (z. B. Geschäfte, Bushaltestellen, Farben, Gerüche, Geräusche usw.) und versuchen Sie noch am gleichen Abend, sich an alle diese wahrgenommenen Informationen zu erinnern.

3. Die versteckten Figuren (8 Minuten)
Wo sind die abgebildeten Figuren a), b), c), und d) im Bild versteckt? Sie haben acht Minuten Zeit, sie im Formengewirr aufzuspüren.

a)   b)   c)   d)

4. Ländersalat (3 Minuten)

Hinter diesem Buchstabenwirrwarr verstecken sich zehn Ländernamen. Verfolgen Sie mit den Augen die Pfeile. Bitte nicht Stift oder Finger benutzen. Stoppen Sie die dafür benötigte Zeit. Los geht es mit dem Startbuchstaben D.

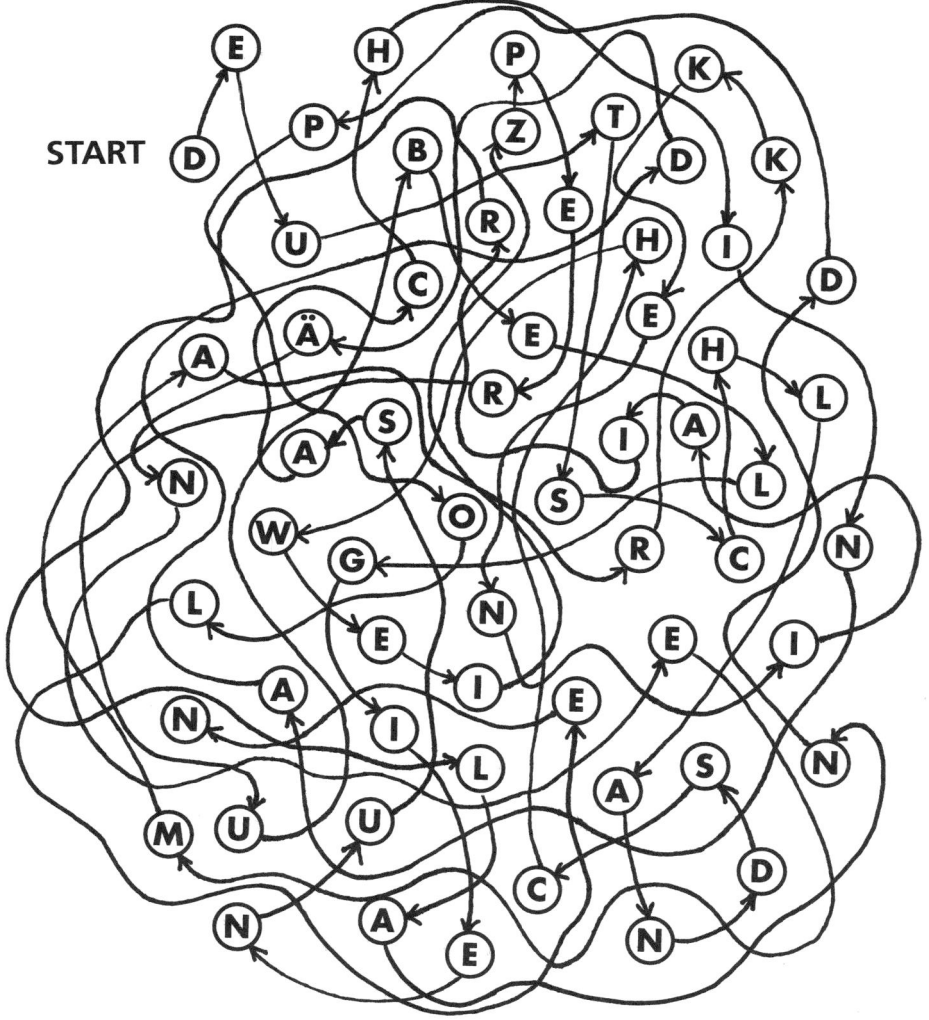

5. Zeichnen Sie mit beiden Händen (10 Minuten)

Eine Übung, die Ihre rechte Gehirnhälfte anregt und in den Kon-
zentrationsvorgang mit einbezieht. Stellen Sie sich, am besten mit
geschlossenen Augen, für einige Sekunden einen be-
liebigen Gegenstand bildlich vor (z. B. ein Haus, einen **Mit beiden Hän-**
Baum, ein Auto usw.). Zeichnen Sie nun den Gegen- **den gleichzeitig**
stand zuerst mit der rechten Hand, danach mit der lin- **zeichnen – ein**
ken. Nehmen Sie anschließend in beide Hände einen **schwieriges Unter-**
Stift, und versuchen Sie nun gleichzeitig den Gegen- **fangen, das aber**
stand zu zeichnen. Vergleichen Sie die drei Skizzen mit- **mit der Zeit immer**
einander. Fallen Ihnen Unterschiede auf? Sie werden im **besser gelingt.**
Lauf der Zeit bemerken, dass alle Bilder sich qualitativ
immer mehr annähern.

6. Die gedankliche Registrierkasse (Dauer des Einkaufs)

Überprüfen Sie nach jedem Einkauf den Kassenbon? – Höchstwahrscheinlich nicht. Mit diesem Trick haben Sie eine erstklassige Methode, den Gesamtbetrag grob auf seine Richtigkeit hin zu kontrollieren.
Außerdem trainieren Sie so auf ideale Weise Ihre Konzentration.
Sie wissen ja, dass Preise im Supermarkt nie »runde« Zahlen sind.
So kostet ein halbes Pfund Butter immer 1,99 DM und nicht genau
2,00 DM. Wenn Sie nun im Kopf mit Hilfe von den vier Markein-
teilungen 1 Mark, $\frac{1}{2}$ Mark (= $\frac{2}{4}$ Mark), $\frac{1}{4}$ Mark und $\frac{3}{4}$ Mark rechnen, ist das grobe Zusammenzählen der Preise kein Problem mehr.
Hierzu ein Beispiel:

Preise der Waren		Sie merken sich (und gleich im Kopf zusammenzählen)			
Halbes Pfund Butter	1,99 DM		2,– DM		
1 Liter Milch	1,29 DM	+	$1\frac{1}{4}$ DM	=	$3\frac{1}{4}$ DM
Packung Taschentücher	3,49 DM	+	$3\frac{1}{2}$ DM	=	$6\frac{3}{4}$ DM
Kilo Hackfleisch	9,99 DM	+	10,– DM	=	$16\frac{3}{4}$ DM
Mineralwasser	1,09 DM	+	1,– DM	=	$17\frac{3}{4}$ DM
Aufschnitt	7,68 DM	+	$7\frac{3}{4}$ DM	=	$25\frac{1}{2}$ DM
Kaffee	8,99 DM	+	9,– DM	=	$34\frac{1}{2}$ DM
1 Salatgurke	1,29 DM	+	$1\frac{1}{4}$ DM	=	$35\frac{3}{4}$ DM
Shampoo	4,99 DM	+	5,– DM	=	$40\frac{3}{4}$ DM
Gesamtsumme:	**40,80 DM**			**=**	**$40\frac{3}{4}$ DM**

Der Unterschied zwischen tatsächlicher Summe (40,80 DM) und überschlagener Summe (40¾ DM = 40,75 DM) beträgt nur fünf Pfennige. So haben Sie Ihren Einkauf immer unter Kontrolle und können sofort reklamieren, sollte die Abweichung zu groß sein.

Dieser Konzentrationstrick hat sportlichen Charakter. Die Spannung steigt mit jedem Meter, den Sie sich der Kasse nähern!

7. Die Abc-Methode (2 Minuten)

Beschaffen Sie sich einen längeren Artikel oder ein Buch, in denen Sie etwas einzeichnen können. Denken Sie sich nun einen beliebigen Buchstaben aus, und streichen Sie innerhalb von zwei Minuten (Zeit stoppen!) so viel wie möglich davon durch. Kontrollieren Sie danach, ob Sie auch tatsächlich keinen ausgelassen haben. Schwierigere Variante: Differenzieren Sie nach Klein- und Großbuchstaben.

Sie haben es sicherlich bemerkt. Anhand des Aufgabentexts habe ich es Ihnen bereits einmal vorgemacht: Im Text ist immer der Buchstabe »e« durchgestrichen.

So verbessern Sie Ihr logisches Denken

Der Einzelne sieht sich in seinem Berufs- und Alltagsleben mit immer komplexeren Zusammenhängen konfrontiert, die er durchschauen und adäquat bewältigen muss. Logisches Denken ist in steigendem Maß gefragt. Die nachfolgenden Übungen helfen Ihnen gezielt, Ihre Fähigkeiten in dieser Richtung zu erweitern.

1. Logische Wortbrücken finden (6 Minuten)

Sie sollen eine logische Verbindung zwischen zwei Wörtern erstellen. Vorgegeben sind dabei nur das Anfangs- und das Endwort. Ein Beispiel: Es soll zwischen dem Wort »Stein« eine logische Wortbrücke zu »Löffel« konstruiert werden. Eine mögliche Lösung wäre:
STEIN – Steingarten – Gartenblumen – Blumentopf – Topflöffel – **LÖFFEL**.
Finden Sie nun die Verknüpfungsglieder für folgende Wörter:

ZUG . . . . KLEID
ROT . . . . STRASSE
GELD . . . . HUND
TERMIN . . . . BESTECK

Tipp: Überlegen Sie sich nun eigene Wörter, zu denen Sie Wortbrücken bauen.

2. Logische Zahlenreihen (10 Minuten)
Ergänzen Sie die Zahlenfolgen logisch um die nächsten beiden Glieder:

1) 1   2   3   4   5   6   7   8   9   ___   ___

2) 2   4   6   8   10   12   ___   ___

3) 134   132   128   122   114   ___   ___

4) 1   4   3   12   11   44   43   ___   ___

5) 3   6   12   9   12   24   21   24   48   ___   ___

6) 100,00   90,00   81,00   72,90   65,61   ___   ___

7) 3   8   11   17   28   35   63   ___   ___

8) 3   3   7   7   15   6   27   9   ___   ___

3. Analogien bilden (5 Minuten)
Diese Übung verbessert die sprachliche Logik. Ergänzen Sie die angefangenen Sätze mit dem fehlenden Wort.

Fußball verhält sich zu Fuß wie Handball zu …
a) Arm   **b)** Hand   **c)** Bein   **d)** Kopf   **e)** Fuß

Schreiben verhält sich zu Brief wie Bildhauer zu …
a) Bild   **b)** Collage   **c)** Zeichnung   **d)** Skulptur   **e)** Radierung

Europa verhält sich zu Euro wie USA zu …
a) Lire   **b)** Krone   **c)** Rubel   **d)** Cent   **e)** Dollar

Schnitzel verhält sich zu Bratpfanne wie Kartoffeln zu …
a) Kochtopf   **b)** Mixer   **c)** Schüssel   **d)** Mikrowelle   **e)** Herd

Mars verhält sich zu Planet wie Mars zu …
a) Venus   **b)** Mensch   **c)** Nahrungsmittel   **d)** Sonnensystem
e) Raumschiff

4. Ein echtes Chefproblem (10 Minuten)

Der Chef eines Architekturbüros muss vier neue technische Zeichner einstellen und dabei aus fünf Bewerbern auswählen. Er entscheidet sich, alle fünf gleichzeitig einzuladen, um den gemeinsamen Arbeitsplatz zu besichtigen. Die Zeichentische sind dabei wie folgt angeordnet: Tisch 1 steht direkt neben dem Fenster und Tisch 4, der Raucherplatz, ganz rechts. Die anderen Tische befinden sich in der Mitte. Nach dem gemeinsamen Treffen hat der Chef noch Einzelgespräche geführt. Er fasst die Aussagen der Bewerber wie folgt zusammen:

Knifflige Wenn-dann-Aufgaben schulen das logische Denken.

1. Bewerber 1 und Bewerber 2 darf er auf keinen Fall gemeinsam einstellen, da sie sich absolut nicht vertragen werden.
2. Bewerber 3 muss in jedem Fall am Raucherplatz sitzen, falls er Bewerber 1 nicht einstellt.
3. Wenn er Bewerber 2 nicht einstellt, dann muss er Bewerber 4 und Bewerber 1 einstellen. Da sich die beiden bereits kennen, muss dann Bewerber 4 direkt links neben Bewerber 1 sitzen.
4. Bewerber 3 wird nur dann eingestellt, wenn Bewerber 5 am Fensterplatz sitzt.
5. Dem Chef fällt auf, dass bei drei seiner Überlegungen der Raucherplatz stets von demselben Bewerber besetzt wird. Dieser Bewerber scheidet für ihn jedoch von vornherein aus.

Für welche Bewerber entscheidet sich der Chef, und in welcher Reihenfolge besetzt er die Tische?

TISCH 1 (FENSTER-PLATZ) ?	TISCH 2 ?	TISCH 3 ?	TISCH 4 (RAUCHER-PLATZ) ?

5. Logische Gegensätze (5 bis 10 Minuten)

Was würde Ihnen spontan zu »schwarz« einfallen? – Richtig, das Wort »weiß«. Diese Übung sollten Sie mit einer zweiten Person durchführen. Einer schreibt 20 Adjektive auf einen Zettel und notiert sich dahinter mögliche Antworten des Partners. Danach die Worte abfragen und mit den erwarteten Antworten vergleichen. Mögliche Gegensätze: heiß – kalt, hart – weich, männlich – weiblich, groß – klein, alt – jung usw.

Eine besondere Variante dieser Übung können Sie auch als kleines Unterhaltungsspiel bei einem fröhlichen Beisammensein durchführen. Sie lernen Ihr Gegenüber dadurch besser kennen. Nehmen Sie hierbei 20 Hauptwörter als Grundlage, die im Zusammenhang mit persönlichen Neigungen oder Vorlieben stehen. Wenn Sie

Wie gut kennen Sie Ihren Partner/Ihr Gegenüber? Eine Antwort gibt Ihnen diese Übung.

z. B. das Wort »Sport« wählen und Sie wissen, welche Lieblingssportart Ihr Spielpartner betreibt, können Sie seine Antwort mit Ihrem Vorschlag vergleichen. Wichtig: Notieren Sie Ihren Erwartungshorizont vor dem Interview! Mögliche Wörter: Essen, Haarfarbe, Kleidung, Musik, Getränk usw.

6. Dreiecke zählen (8 Minuten)
Wie viele Dreiecke können Sie identifizieren? Hinweis: Die Dreiecke können auch ineinander verschachtelt sein.

7. Ein Frühstücksproblem

Angenommen, auf Ihrem Frühstückstisch befinden sich zwei gleiche Tassen. Die eine ist mit Kaffee gefüllt, die andere mit der gleichen Menge Tee. Nun wird ein Esslöffel voll Tee in die Tasse mit Kaffee gegeben und gut umgerührt. Aus dieser Mischung wird dann ein Esslöffel voll in die Tasse Tee zurückgeschüttet. Befindet sich nun mehr Kaffee in der Tasse Tee oder umgekehrt mehr Tee in der Tasse Kaffee? Bestimmen Sie auch das Mischungsverhältnis beider Tassen.

8. Figurenpuzzle

Aus welchen Teilfiguren kann man die vorgegebenen Figuren jeweils zusammensetzen?

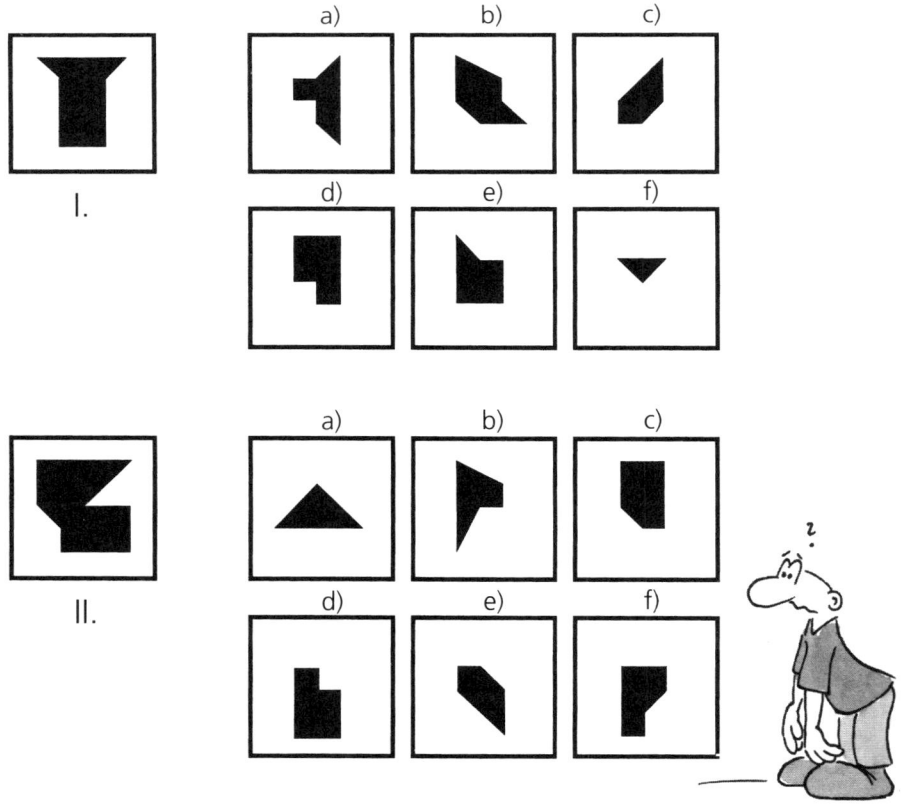

Die Kreativität steckt in Ihnen

Angesichts vielschichtiger Problemstellungen ist neben Konzentration, logischem Denken und einem guten Gedächtnis in der heutigen Zeit Kreativität immens wichtig. Die folgenden Übungen unterstützen und erweitern Ihr Kreativitätspotenzial, so dass Sie auch auf diesem Gebiet keine Herausforderung zu scheuen brauchen.

Beim Brainstorming sind alle Einfälle gleich wichtig. Wer den anderen in seinem Ideenfluss abbremst, bekommt die gelbe Karte gezeigt.

1. Brainstorming (3 Minuten)

Als Problemlösungsmethode wird in der Managerausbildung diese Art von »Gehirnsturm« entfacht: Innerhalb einer kurzen Zeitspanne (hier drei Minuten) werden sämtliche Spontaneinfälle, seien sie auch noch so belanglos, zu einem Problem oder Begriff gesammelt. Danach wird dann jeder Einfall genauer unter die Lupe genommen und auf Brauchbarkeit untersucht. Was fällt Ihnen z. B. innerhalb von drei Minuten spontan zum Begriff »Kaffeemaschine« ein? Sie werden bei der Auswertung der Ideen schnell bemerken, dass Sie zu völlig neuen Erkenntnissen gelangen. Übrigens ist schon manche neue Geschäftsidee bzw. Erfindung dabei entstanden. Übungsmöglichkeit: Erforschen Sie Gegenstände (z. B. Werkzeuge, Haushaltsutensilien, Apparate usw.), die Ihnen verbesserungswürdig erscheinen. Setzen Sie sich dann mit Bekannten oder der Familie zusammen, und führen Sie ein Brainstorming durch.

Tipp: Wecken Sie Ihren Erfindergeist mit der Problemlösungsmethode des Brainstorming! Vielleicht können Freunde Dinge aus dem täglichen Leben nennen, die sich verbessern ließen.

2. Die Fotosafari (Zeit je nach Wunsch)

Hand aufs Herz: Gehören Sie auch zu den Menschen, bei denen der Fotoapparat nur im Urlaub zum Einsatz kommt? Warum führen Sie nicht einmal zu Hause eine kleine Fotosafari durch? Geben Sie sich ein Thema vor, und los geht es. Wie wäre es, wenn Sie einmal alle Haustüren fotografierten, die Sie schön finden? Nach der Entwicklung der Bilder können Sie sich daraus eine Collage oder ein Poster erstellen, mit dem Sie Ihre Wohnung oder Ihren Arbeitsplatz verschönern. Das regt die rechte Gehirnhälfte an, macht Spaß, und Sie beobachten sehr viel bewusster Ihre Umgebung. Mögliche Themen wären: Briefkästen, Bäume, Landschaften, Farben, Menschen, Gewässer, Fahrräder, Häuser usw.

3. Die Phantasie beflügeln (8 Minuten)

Betrachten Sie die vier Skizzen. Versuchen Sie, mit Ihrer Vorstellungskraft einen Sinn darin zu erkennen. Vielleicht können Sie im ersten Bild den Lockenkopf eines Menschen erkennen? Oder doch eine Wolke? Möglicherweise die Tatze eines Löwen? Lassen Sie Ihrer Phantasie freien Lauf, und finden Sie möglichst viele Gedankenbilder. Ihre rechte Gehirnhemisphäre wird es Ihnen danken.

Bei dieser Übung bieten sich mehrere Varianten an, die Sie ausprobieren sollten:

- Vervollständigen Sie das erdachte Bild mit einem Stift.
- Bitten Sie Bekannte um deren Interpretationen.
- Denken Sie sich selbst eigene Bildsequenzen aus, die Sie anderen zeigen.

4. Der außergewöhnliche Brief (5 Minuten)

Stellen Sie sich vor, Sie möchten jemandem einen ganz verrückten Brief schreiben, bei dem jedes Wort mit demselben Buchstaben beginnt. Beispiel: Buchstabe E.
»Eva, es eilt etwas.
Ein eigenwilliger Esel entging einem Erdbeben.
Echt egal.«

Ein Text mit A könnte lauten: Am Abend aßen alle Aal, außer Andrea. Anderntags aßen alle Austern.

5. Humorvolle Gleichnisse (8 Minuten)

Mit Witz und Humor lassen sich bestimmte Sachverhalte originell vergleichen, wie z. B.: »Die Tore beim Fußball sind wie das Salz in der Suppe.« Denken Sie sich selbst möglichst viele Verbindungen hierzu aus. Was fällt Ihnen zu diesen Punkten ein?

• Ein Mensch ohne Fehler ist wie …
• Ein Mann ohne Frau ist wie …
• Der Abstand von der Tapete bis zur Wand ist wie …
• Die Helligkeit in einem Tunnel ist wie …
• Äpfel mit Birnen zu vergleichen ist wie …
• Ein Computer mit Herz ist wie …

Tipp: Wenn Sie in einem Gespräch eine Sache auf den Punkt gebracht haben, haben Sie mit dem passenden Vergleich die Lacher auf Ihrer Seite.

6. Was-wäre-wenn-Fragen (10 Minuten)

Sie kennen die Frage: »Was würden Sie mit einer Million DM alles anfangen?« Lassen Sie bei Was-wäre-wenn-Fragen Ihrer Phantasie freien Lauf.
Beispiele:

• Wie sieht es wohl im Jahre 2500 auf der Erde aus?
• Was wäre, wenn Adolf Hitler den Krieg gewonnen hätte?
• Was müsste sich verändern, wenn der Mensch vier Arme hätte?
• Was wäre, wenn wir unsterblich wären?

7. Witzige Collagen erstellen (10 Minuten)

Collagen beschäftigen die rechte Gehirnhälfte tief greifend, regen die Phantasie an, stärken die Kreativität und lassen sich aus den unterschiedlichsten Materialien herstellen:

- Aus Fotos und Wörtern, die man aus Zeitungen oder Illustrierten ausschneidet.
- Aus Stoffresten, Plastiktüten und Pappe.
- Aus selbst gemachten Fotos (siehe Fotosafari, Seite 35f.).
- Aus getrockneten Blättern.
- Aus Farbabdrücken verschiedener Gegenstände. Denken Sie beispielsweise an den Kartoffeldruck aus der Kindheit.
- Aus durchgepausten Gegenständen.
  Sie kennen das. Ein Blatt Papier z. B. auf ein Geldstück legen und mit Bleistift so lange darüber zeichnen, bis das durchgepauste Abbild zu sehen ist.

Überlegen Sie sich, wozu man Sie verwenden könnte. Warum kreieren Sie nicht einmal Ihre nächste Einladung auf diese Weise? Oder wie gefällt Ihnen diese Idee: Sammeln Sie mehrere Briefumschläge, die mit einer fehlerhaften Adresse an Sie geschickt wurden (Name falsch geschrieben, verkehrte Straßennummer, Ortsangabe falsch usw.).

Daraus eine Collage zaubern und gut sichtbar in den Wohnungsflur oder den Eingangsbereich Ihres Arbeitsplatzes hängen. Sie werden überrascht sein, wie viele Menschen fasziniert davor stehen bleiben.

Aus Materialien, mit denen Sie täglich umgehen, lassen sich originelle Collagen fertigen, deren Produktion die rechte Hemisphäre anregt und so die Kreativität steigert.

8. Aufgaben aus Papier (10 Minuten)

Sicher können Sie sich noch gut an die verschiedensten Papierflieger aus der Schulzeit erinnern. Vielleicht gehörten Sie auch zu den Flugzeugkonstrukteuren. Denken Sie sich ganz spontan zehn Möglichkeiten aus, was man mit einem Blatt Papier (eventuell mit Klebstoff und Schere) so alles anstellen kann.

Varianten: Streichholz, Schlüssel, Stift, Schnürsenkel

Kreativitätsschule à la James Bond

Sicher ist Ihnen der geniale Waffenkonstrukteur aus den James-Bond-Filmen ein Begriff. Könnte er denn auch etwas mit einem einfachen Streichholz anfangen? Denken Sie sich Möglichkeiten aus, welche Rolle ein einfaches Streichholz in einem Kriminalroman oder Kriminalfilm spielen könnte.

9. Wortschöpfungen (5 Minuten)

Bilden Sie aus den Buchstaben eines Worts einen witzigen Satz.
Beispiel:
KREATIV
Kurt **r**ückt, **e**xtrem **a**ngetan, **T**ische im **V**erlies.
Und jetzt sind Sie dran:
GEHIRN – LOGIK – KOPF – DENKEN – FITNESS – KLUG

10. Gedankenbilder machen (5 Minuten)

Trainieren Sie täglich in kleinen Einheiten Ihre geistige Vorstellungskraft, indem Sie beispielsweise Wörter, Zahlen oder auch Symbole
in geistige Bilder umwandeln.
Die folgenden Übungen helfen dem Gehirn, eine Information mit beiden Gehirnhälften zu verarbeiten. Dies
erhöht die Merkleistung immens.

**Wenn beide Ge-
hirnhälften an-
geregt werden,
potenziert dies die
Gedächtnisleistung.**

* Lesen Sie willkürlich eine Seite aus einem Roman,
  und stellen Sie sich die Situation möglichst lebhaft
  vor. Es interessiert in dem Augenblick nicht die Hand-
  lung, sondern die Intensität, mit der Sie sich in den
  Ort des Geschehens gedanklich hineinversetzen.

* Hören Sie aufmerksam einem Bericht im Radio zu, und lassen Sie
  auch hier Ihrer Phantasie freien Lauf. Stellen Sie sich das Aussehen des Radiosprechers vor.

* Wandeln Sie abstrakte Symbole (z. B. Verkehrsschilder) in ver-
  rückte oder witzige Bilder um. Wofür könnte im täglichen Leben
  ein STOP-Schild aufgestellt werden?

* Machen Sie aus Zahlen Bilder! Beispiele: Die 1 als Spazierstock
  oder Indianerpfeil, die 2 als Schwan, die 3 als Möwe oder End-
  stück eines Knochens usw.

Die Merkfähigkeit steigern

Ein gutes Faktenwissen ist im Beruf heute einfach unerlässlich. Mit
den folgenden Übungen und Tricks können Sie nach und nach Ihre
Merkfähigkeit verbessern, und sie gewinnbringend im beruflichen
Alltag einsetzen. Grundlage für diesen Trainingspunkt ist auch hier
die Einbeziehung der rechten Gehirnhälfte.

Zahlen nie vergessen

Zahlen werden überwiegend in der linken Gehirnhälfte verarbeitet, wie bereits ausgeführt. Wenn Sie eine gedankliche Brücke zur rechten Hälfte bauen, können die Zahlen optimal gespeichert und wieder abgerufen werden.

Die Gehirnforschung spricht dabei von Assoziation. Mögliche Assoziationen zu den zehn Ziffern unseres Zahlensystems (0, 1, ..., 8, 9) sind:

• Der Vergleich der Zahlenform mit einem Gegenstand. So kann man sich die Zahl 6 als Golfschläger vorstellen.

• Der Zusammenhang der gesprochenen Zahl mit gleich klingenden Begriffen.
Beispiel: Die Zahl 1 reimt sich auf Mainz, Heinz, weiß, heiß oder Schweiß.

• Die gedankliche Brücke einer Zahl zu einer Farbe. Die Farbe Rot ist beispielsweise mit 2 assoziierbar.
Denken Sie dabei an zwei rote Lippen, zwei rote Schuhe oder zwei rote Socken.

• Was fällt Ihnen als Assoziation schlagartig bei der Ziffernfolge 00 ein? – Richtig, WC.

Zahlen lassen sich auch gut mit bekannten Begriffen aus dem Alltag in Zusammenhang bringen.

An welche Zahl werden Sie erinnert, wenn Sie sich Ihre rechte Hand anschauen? – Natürlich wissen Sie es.

Mit dieser Methode lassen sich alle Zahlen in Gedankenbilder transformieren. Sie erzeugen dadurch in der rechten Hemisphäre ein richtiges Glücksgefühl, da Zahlen nicht mehr allein als trockene, abstrakte Information angesehen, sondern auf diese Weise ganzheitlich vorstellbar werden.

Für die möglichen Darstellungsformen habe ich mir für Sie zu jeder Zahl einige Beispiele überlegt und in der folgenden Tabelle zusammengefasst.

Achtung: Technikfreaks aufgepasst! Die Zahlen-Farben-Brücken eignen sich hervorragend als Merkhilfe für die Farbcodierung von elektrischen Widerständen.

Die Eselsbrücken

Zahl	Gegenstand	Reim	Farbe (mit kleiner Merkhilfe)	Begriff
0 (Null)	Ei, Stein, See von oben	Konsul, Modul, Seoul	Schwarz (das schwarze Nichts)	WC, Toilette, O-Beine
1 (Eins)	Stift, Kerze, Indianerpfeil	Mainz, Heinz, Schweiß	Braun (ein brauner Pfennig)	11.11 um 11.11 Uhr Karneval
2 (Zwo)	Schwan, halbes Herz, Ohr	Po, Stroh, Floh	Rot (zwei rote Lippen)	2 Arme, 2 Beine, 2 Augen
3 (Drei)	Möwe, Gesäß, Knochenende	Hai, Mai, Brei	Orange (drei Orangen für ein Glas frisch gepressten Orangensaft)	Dreieck, Skat, Dreizack
4 (Vier)	Stuhl, Segeljacht, Tisch	Bier, Stier, Tier	Gelb (Das gelbe Postauto hat vier Räder.)	4 Musketiere, Quartett, Doppelkopf
5 (Fünfe)	dicker Bauch, Brust, Haken	Strümpfe, Nymphe, Sümpfe	Grün (die grüne Hand von Kermit, dem Frosch)	Hand, Fuß, Zeugnisnote
6 (Sechs)	Golfschläger, Notenzeichen, Pflaume	Klecks, Sex, konvex	Blau (Von einem 6-er-Pack Bier wird man ganz schön blau.)	Liebe, Erotik
7 (Sieben)	Klippe, Schrankecke, Flügeltür	Rüben, schieben, Grieben	Violett oder Lila (Die 7 Zwerge schenken Schneewittchen einen Strauß violetter Veilchen).	7 Weltwunder, Siebenschläfer, Siebenstern
8 (Acht)	Schneemann, Brezel, Knoten	Schacht, Nacht, Pacht	Grau (Der 88-jährige Opa hat graue Haare.)	Achterbahn, Achteck, Achtfüßler
9 (Neun)	Luftballon, Kaulquappe Monokel	Freu'n, »Moin!«, Säuen	Weiß (99 weiße Luftballons)	9 Kegel, Neunauge, Neuntöter

Aufgabe: Überlegen Sie sich eigene Gedankenbrücken!

1. Die Zahlencodierung

Angenommen, die Geheimzahl Ihrer Euroscheckkarte lautet 9841. Mit einem einfachen Trick prägen Sie sich Ihre Geheimzahl ein.

9 Weiß
8 Schneemann
4 Gelb
1 Schweiß

Stellen Sie sich einen weißen **(9)** Schneemann **(8)** vor, der dem heißen Sonnenlicht **(4)** ausgesetzt ist. Natürlich beginnt er sofort zu schmelzen, und das Wasser rinnt ihm wie Schweiß **(1)** von der Stirn. Sie werden zugeben, dass sich diese kleine Geschichte leichter einprägt als die trockenen Zahlen. Erscheint Ihnen das zu umständlich, können Sie die Zahlenumwandlung auch in einem Satz zusammenfassen: Eine Kaulquappe **(9)** fährt Achterbahn **(8)** und trinkt dabei ein Bier **(4)** aus einer braunen **(1)** Flasche. Es macht überhaupt nichts, wenn die Merkgeschichten oder Merksätze grotesk klingen. Im Gegenteil, sie werden sich dann besser einprägen.

Mit Hilfe der Gedankenbrücken von Seite 41 können Sie sich die kompliziertesten Zahlenkombinationen spielend einprägen.

2. Ein Reim im Ohr hält lange vor

Besonders gut lassen sich Reime merken. Werden Zahlencodierungen als Reim verfasst, sind sie unauslöschlich im Gedächtnis verankert. Bleiben wir beim Beispiel der Geheimzahl 9841.

»Ein Luftballon **(9)** so grau **(8)** und toll
spieß auf ein Stier **(4)** beim Karneval **(1)**!«

Lassen Sie diesen verrückten kleinen Reim vor Ihrem geistigen Auge erscheinen. Sie werden ihn nie mehr vergessen.

3. Nutzen Sie die Assoziationsvielfalt

Selbstverständlich können Sie auch bei nur einer Umwandlungsform bleiben. Nehmen wir an, die Telefonnummer Ihres Hausarztes lautet 29 21 40. Für die Transformierung in Farben erhalten Sie die Farbfolge Rot, Weiß, Rot, Braun, Gelb, Schwarz. Mein Vorschlag: Stellen Sie sich vor, Sie sitzen in einem österreichischen Kaffeehaus.

Sie haben sich einen warmen Apfelstrudel bestellt, bei dem die Rosinen deutlich hervortreten. Dazu bekommen Sie eine kleine Schale mit Vanillesauce gereicht. Außerdem steigt Ihnen der köstliche Duft einer Tasse Kaffee in die Nase. Versetzen Sie sich gedanklich in die Situation. Darf ich vermuten, dass Sie bereits eine Ahnung davon haben, wie die Zahlen-Farb-Assoziationen in diesem Beispiel lauten?

Rot, Weiß, Rot **(292)**   die österreichische Nationalflagge
Braun **(1)**   natürlich die Rosinen
Gelb **(4)**   die Vanillesauce
Schwarz **(0)**   der Kaffee

Noch stärker wirkt die Assoziation, wenn Sie darüber hinaus in Gedanken im Kaffeehaus Ihrem Hausarzt begegnen.

Tipp: Beziehen Sie alle Sinnesorgane bei der Informationsspeicherung ein. Wenn Sie die Zahl 3 mit Orangen assoziieren, dann legen Sie den Orangengeschmack in Gedanken auf Ihre Zunge.

4. Jetzt ist Ihre Phantasie gefragt
Welche Geschichten, Sätze oder Reime fallen Ihnen zu diesen Zahlenkombinationen ein?

14275
573
608938
42456
0 69/74 09 87

Es gibt Nummern, die man jederzeit aus dem Gedächtnis abrufen können sollte.

Haben Sie es bemerkt? Die letzte Zahl ist die zentrale Telefonnummer, unter der Sie bundesweit gestohlene Scheckkarten sofort sperren lassen können. Sie sollten sie nach Möglichkeit auswendig können wie auch des Weiteren Ihre Geheimnummer für Ihre Scheckkarte oder Ihr Handy.
Bei der Zahlenspeicherung müssen Sie die rechte Gehirnhälfte aktivieren. Neben den Gedankenbrücken, wie in der Tabelle gezeigt, gibt es noch weitere Möglichkeiten, Zahlen abzuspeichern. Probieren Sie die nachfolgenden aus.

5. Nummernsingen

Singen Sie eine Nummer nach einer bekannten Melodie vor sich hin. Die Telefonnummer eines guten Freunds (er soll hier einmal den Namen Klaus tragen) lautet: 48 39 48. Hinterlegen Sie nach der Melodie »Es klappert die Mühle am rauschenden Bach« folgenden Strophenanfang:

Auch ein Lied eignet sich, um eine Nummernfolge im Gedächtnis zu behalten.

»Vier, Acht und 'ne Drei ruft den Klaus mir herbei, klipp, klapp. Neun, Vier, schließlich Acht, und dann ist es vollbracht, klipp, klapp ...«

Natürlich können Sie auch Lieder von Popsongs oder klassische Melodien benutzen. Das bleibt Ihrem persönlichen Geschmack überlassen.

6. Rechentricks

Häufig kann man eine Nummer in eine Rechenaufgabe verpacken. Aus der Zahlenfolge 341239 lässt sich folgende Rechnung ablesen.

$$3 \times 4 = 12$$
$$- \ 3$$
$$= \ 9$$

Entschlüsseln Sie aus den nachfolgenden Nummern eine Rechenaufgabe.

8864232
1427749
25531569

7. Zahlensplitting

Es ist ganz einfach: Teilen Sie eine beliebig lange, zusammengeschriebene Nummer in kleine Einheiten auf.
Beispiel: *03831/45 68 42 in 0 38 31/456 842 zerlegen. Überprüfen Sie, ob die kleineren Zahlen eine Besonderheit aufweisen. Bei 456 ist die nächste Ziffer immer um den Wert 1 größer. 842 ergibt eine logische Abfolge. Die Hälfte von 8 ist 4, davon die Hälfte ist 2.*

Teilen Sie längere Nummern in kleine Einheiten, forschen Sie nach Zahlensymmetrien oder logischen Abfolgen, und sprechen Sie die Einteilung vor sich hin. Im obigen Beispiel also: »Null – achtunddreißig – einunddreißig – vierhundertsechsundfünfzig – achthundertzweiundvierzig.«

8. Analogiezahlen

Überprüfen Sie, ob sich aus einer Zahl ein bestimmtes Datum oder Alter ablesen lässt. Vielleicht sind auch Beziehungen zu anderen Richtgrößen wie Körpergewicht und -größe, Konfektions- oder Schuhgröße, Uhrzeiten etc. herstellbar.

Der Geburtstag oder das Datum eines ereignisreichen Tags helfen, Eselsbrücken für die Erinnerung zu bauen.

Beispiel: *Ihr Großvater hat die Telefonnummer 81 03 45. Stellen Sie sich vor, da er mittlerweile schon 81 Jahre alt ist, wie er im März 1945 den Krieg erlebt hat. Wichtig ist bei dieser Methode, dass ein unmittelbarer Bezug zum Adressaten herstellbar ist. Sie wissen z. B., dass die Firma Ihres Geschäftspartners 1968 gegründet wurde, er 1,72 Meter groß ist, gern Fußball spielt und drei Kinder hat. Seine Funknummer lautet: 01 72/9 68 31 11.*

Haben Sie die Zahlenanalogien herausgefunden? Die Zahlenfolge 0172 steht für die Körpergröße, 968 (am Anfang der Rufnummer) und 1 (am Ende der Rufnummer) stecken im Gründungsjahr, die Zahl 3 für die Kinder und schließlich 11 für die Mitspieler einer Fußballmannschaft.

Tipp: Mit Analogiezahlen schlagen Sie zwei Fliegen mit einer Klappe. Sie behalten wichtige Nummern sowie entscheidende Informationen über die Person selbst.

Zahlen begegnen uns überall, ob bewusst oder unbewusst. Wir finden sie als
• Telefon-, Fax-, Konto- oder Verwaltungsnummer
• Geheimcodes und Zugangsberechtigungen
• interaktive Ziffernfolgen (z. B. Telefonbanking)
• Preise und Umrechnungszahlen
• Konfektionsgrößen, Inventarnummern, Kfz-Kennzeichen
• Paragraphen und Ordnungsnummern
• Geburtstage, Jubiläen, Jahresdaten und Postleitzahlen

Sie sind nun in der Lage, Licht in Ihren persönlichen Zahlendschungel zu bringen. Trainieren Sie täglich, und Sie werden sich jede Zahl merken können.

Fünf Tipps, wie Sie jeden Tag Ihr Zahlengedächtnis optimal auf Trab bringen:

1. Merken Sie sich die Registriernummer auf einem Geldschein, und versuchen Sie, sich am nächsten Tag zu erinnern. Verwenden Sie dabei unterschiedliche Codierungsmöglichkeiten.
2. Speichern Sie zehn Preise ab, die Sie z. B. in Schaufensterauslagen sehen. Verfolgen Sie Preisveränderungen z. B. im Schlussverkauf.
3. Wandeln Sie Alltagsfarben in Zahlen um. An welche Zahl erinnern Sie sich beim Betrachten des blauen Himmels? Richtig, an die 6.
4. Achten Sie auf bekannte Zahlen und Zahlenfolgen, die sich in ein Bild transformieren lassen. Beispiel: Die Zahl 20 kann man mit der Tagesschau assoziieren (diese beginnt bekanntlich um 20.00 Uhr).
5. Aktivieren Sie Ihre Sinnesorgane, und stellen Sie einen Bezug zur Codierung her. Beim Geruch einer Pfefferminzpflanze muss man unweigerlich an Grün (5) denken.

Namens- und Personengedächtnis

Wer Geschäftskontakte pflegt, braucht ein ausgeprägtes Namens- und Personengedächtnis. Eine typische Situation: Sie lernen auf einer Messe einen Geschäftsmann kennen und treffen ihn ein Jahr später wieder: »Guten Tag, schön, Sie wiederzusehen, Herr ...« (Mein Gott, wie war doch gleich der NAME???) Namens- und Personenlücken entstehen meistens durch die einseitige Verarbeitung in der linken Gehirnhälfte, in der ja das Sprachzentrum liegt.

Ein gutes Personen- wie Namensgedächtnis ist in der Arbeitswelt unerlässlich.

Mit ein paar einfachen Kniffen können Sie peinliche Situationen wie die gerade beschriebene vermeiden.

Durchlaufen Sie bei der Namens- und Personenspeicherung ein Stufenprogramm, und Sie werden sich jeden Namen merken können.

1. Stufe – die Aussprache

Wenn Sie jemanden neu kennen lernen und er Ihnen seinen Namen nennt, hören Sie genau auf Klang und Aussprache des Namens. Häufig bestehen Unterschiede zwischen dem gesprochenen und dem geschriebenen Namen. Wiederholen Sie den Namen. Als Faustregel gilt: mindestens fünfmal in einem Gespräch. Wenn Sie sich verabschieden, sollten Sie sich – das gilt insbesondere bei schwer auszusprechenden Namen – als Endkontrolle die richtige Aussprache vom Gegenüber bestätigen lassen: »Auf Wiedersehen, Herr Hubacek. Habe ich Ihren Namen richtig ausgesprochen? Ja? Hoffentlich sehen wir uns bald wieder.« Sie zeigen Ihrem Gesprächspartner, dass Sie sich für ihn interessieren und auf eine korrekte Aussprache Wert legen. Sie kennen sicher die Situationen, in denen Sie in einem Gespräch ständig mit falschem Namen angeredet werden. Finden Sie das gut? – Natürlich nicht.

Niemand hat es gern, wenn sein Name falsch ausgesprochen wird.

2. Stufe – die Schreibweise

Lernen sich zwei Japaner kennen, so tauschen sie im Lauf des Gesprächs immer ihre Visitenkarten aus. Ein guter Brauch. So gibt es mit der Schreibweise keine Probleme. Auch Sie sollten immer einen kleinen Vorrat Visitenkarten bei sich tragen, egal wo Sie sich gerade aufhalten. Gerade aus Zufallsbekanntschaften ergeben sich manchmal Beziehungen fürs ganze Leben. Sie können auch während des Gesprächs die richtige Schreibweise erforschen und sich diese dann später notieren: »Hat der Name Lentz etwas mit dem Frühling zu tun?«

Tipp: Legen Sie sich nach und nach eine Kartei mit Namen und Adressen von wichtigen Personen an.

3. Stufe – aus Namen Bilder machen

Welches Bild entsteht in Ihrem Kopf, wenn Sie den Namen Pfefferle hören? – Wahrscheinlich denken Sie, genau wie ich, an den Pfefferstreuer aus Ihrer Küche oder an Pfefferkörner. Visualisieren Sie den Namen im Kopf, und stellen Sie einen Bezug zur Person her. Sie pusten Frau Pfefferle eine Prise Pfeffer ins Gesicht. Sie beginnt fürchterlich zu niesen und fängt an zu weinen. Das Bild, das Sie mit dem Namen assoziieren ist entscheidend für das Behalten des Namens, den Sie dann im Gespräch nennen können. Auch hier gilt: Je ungewöhnlicher und ausgefallener die jeweilige Vorstellung ist, die Sie sich von einem Namen machen desto besser funktioniert die Speicherung.

Nachnamen, die man sich mit Hilfe eines Bilds merkt, bleiben besser im Gedächtnis haften. Lassen Sie Ihrer Phantasie freien Lauf. Assoziieren Sie Begriffe oder Situationen beim Klang eines Namens. Verwandeln oder zerlegen Sie Namen so, dass sich ein Bild daraus ergibt. Sie dürfen dabei Buchstaben hinzufügen, austauschen oder weglassen. Welche Bilder fallen Ihnen zu folgenden Namen ein?

PFEIFFER, DUDE, ESCH, FILTER, KAROW, SCHWEITZ, BURGER

Schwierige Namen lassen sich auch zerlegen. Beispiel: **Herr Gneun-Wadensky.** »Gneun« hört sich wie »Neun« an. »Wadensky« kann man in »Waden« und in »sky« zerlegen.

Tipp: Viele Namen ergeben bereits ein vorstellbares Bild, das Sie dann nur noch der Person zuordnen müssen. Frau Bäcker fällt in der Bäckerei in eine Wanne mit Mehl. Herr Schmidt spielt mit dem Altbundeskanzler Helmut Schmidt eine Partie Schach.

Stellen Sie sich nun vor, wie er in einer Kegelbahn alle **neun** Kegel umwirft. Er freut sich so sehr, dass er ausrutscht und sich das **Waden**bein bricht. Jeder, der ihn dann mit seinem Gipsbein antrifft, vermutet gleich, dass der Unfall beim **Ski**laufen passiert sein müsse, da er begeisterter Anhänger dieser Sportart ist.

Tipp: Doppelnamen müssen fast immer zerlegt werden. Denken Sie sich hierzu eine kleine Geschichte aus.

Andere Beispiele:
Herr Hubacek – »Huba« klingt ganz ähnlich wie »Kuba« und »cek« wie »Scheck«. Während eines Urlaubs in Kuba wird Herrn Hubacek sein gesamtes Reisegepäck gestohlen. Glücklicherweise hat er seine Travellerschecks in einem Brustbeutel versteckt.

Frau Häse-Klingemann – »Häse« hört sich wie »Hase« an, »Klinge« ist aus »klingeln« ableitbar und »mann« ist – natürlich – mit einem »Mann« assoziierbar.

Eine als Hase verkleidete Person klingelt an der Haustür von Frau Häse-Klingemann. Die Person klingelt dabei so heftig, dass Frau Häse-Klingemann die Ohren schmerzen. Wutentbrannt rennt sie zur Haustür, um den Störenfried loszuwerden. Total verdutzt sieht sie den verkleideten Hasen vor der Tür. Er nimmt die Hasenmaske ab und siehe da, es ist ihr eigener Ehemann!

Wichtig: Unsere rechte Gehirnhälfte hat eine Vorliebe für ausgefallene und ungewöhnliche Bilder. Denken Sie daran!

4. Stufe – in Gesichtern lesen
Kennen Sie Scherenschnitte, die Künstler oft auf Märkten anbieten? Sie brauchen nur das Profil eines Kopfs zu sehen, und schon wissen Sie, um wen es sich dabei handelt.

Der Schattenriss des Menschen verrät bereits seine Identität.
Hier ein Beispiel:
Welche Person versteckt sich hinter der abgebildeten Silhouette?

Sicher haben Sie Herrn Dr. Helmut Kohl erkannt. Jeder Mensch besitzt charakteristische Merkmale, die es zu entdecken gilt. Sie lassen sich mit den erdachten Bildern zum Namen aus der dritten Stufe gedanklich zusammenfügen. So können Sie einer Person immer den Namen anhängen. Angenommen, Herr Hubacek, der bestohlene Kuba-Reisende, hat blond gelocktes Haar, eine leicht gekrümmte Nase, eine dreieckige Kopfform und ein spitzes Kinn. Besonders auffällig sind seine vorspringenden Wangenknochen. Stellen Sie sich vor, er sitzt am Strand und bestellt sich einen Cuba libre mit dreieckigen Eiswürfeln. Beim Trinken behindern ihn seine extrem hervorstehenden Wangenknochen so sehr, dass er alles verschüttet.

Ihnen mag diese kleine Geschichte vielleicht grotesk vorkommen. Das ist gut so. Nur so verstärken Sie die Merkfähigkeit.

Auch eine gute Methode: Stellen Sie sich vor, die betreffende Person hätte ein Karikaturist gezeichnet. Übertreiben Sie ruhig.

Achten Sie genau auf bestimmte Merkmale von Kopf und Gesicht. Fallen Ihnen Besonderheiten (Narben, Grübchen, Pickel usw.) auf? Übungsmöglichkeiten: Beobachten Sie sehr sorgfältig die Gesichtszüge und -formen eines Menschen, den Sie kennen lernen, sei es auch nur sehr kurzfristig. Erforschen Sie folgende Charakteristika:
- Kopf (quadratisch, rechteckig, oval, rund usw.)
- Augen (Augenfarbe, Brille, Form, Augenwimpern, Neigung, Stellung im Gesicht, Silberblick, Augenbrauen usw.)
- Nase (Form von vorne und von der Seite, Nasenlöcher, Größe)
- Ohren (Stellung zum Kopf, Größe, Ohrläppchen, Ohrringe)
- Haare (Farbe, Fülle, Form, Länge, Frisur)
- Stirn (Stirnfalten, Abstand zu den Haaren)
- Wangen (eingefallen, ausgeprägte Wangenknochen, hochgesetzt)
- Lippen (Stellung von Ober- zur Unterlippe, Form, Farbe)
- Behaarung (Bartpflege, Bartform und -stellung, Koteletten)

Tipp: Nehmen Sie zur Übung einmal eine Person, die Sie in einer Illustrierten sehen, und versuchen Sie sich die Person anhand ihrer charakteristischen Merkmale einzuprägen.

5. Stufe – die Einschätzung der Person

Jeder Mensch hat bestimmte Eigenarten, die sich ebenfalls für die Assoziation eignen. Klassifizieren Sie das Verhalten desjenigen, dessen Namen Sie sich merken wollen, und binden Sie es in Ihre Assoziationskette ein. Wenn beispielsweise Herr Hubacek sehr schnell und dadurch undeutlich spricht (nuschelt), ist sehr gut vorstellbar, wie er, nachdem er seinen Drink verschüttet hat, zur Bar zurückgeht, um sich einen neuen Cuba libre zu bestellen. Seine schnelle Aussprache ist jedoch so undeutlich, dass er ein Glas Tabasco bekommt.

Auch Eigenheiten einer Person können, in ein Bild umgesetzt, die Erinnerung erleichtern.

Mögliche Verhaltensmuster:

* *Sprache – Geschwindigkeit, Deutlichkeit, Wortwahl*
  (nuschelt, benutzt viele Fremdwörter, ungehobelte Ausdrucksweise, redet extrem langsam, piepsige Stimme, viele Füllwörter wie »äh«, »so«, »mhh« usw.)
* *Hände – Form, Gestik, Pflege, Schmuck*
  (lange Finger, Wurstfinger, Ehering, abwehrend, gestikulierend, Fingernägel, Narben, Behaarung usw.)
* *Körper – Haltung, Fortbewegung, Aussehen, Bewegungsapparat*
  (Schnell-/Langsamgeher, aufrechter/gebeugter Gang, Größe, Form, besondere Vorlieben für Kleidung, Haargel, nervöse Zuckungen, hektische Bewegungen, schwitzt, träge, Mundgeruch, Beinhaltung, Nasenbohrer, Schuppen usw.)
* *Umgangsformen – berufliche, gesellschaftliche*
  (höflich, rüpelhaft, aufdringlich, weiß alles besser, hört zu, sucht Blickkontakt, rülpst, ungewöhnliches Lachen, respektierlich usw.)

6. Stufe – Rekapitulation und Festigung

Nachdem nun der Namen und die Person gehirngerecht verarbeitet wurden, gilt es, mit der letzten Stufe diese Informationen auch zeitstabil im Gedächtnis zu verankern. Hierfür gibt es ebenfalls einige Tricks. Denken Sie zum Beispiel vor dem Einschlafen oder in einer kleinen schöpferischen Pause an alle Personen, Gesichter und Namen, die Sie neu kennen gelernt haben. Lassen Sie Ihre kleinen Geschichten zu jeder Person in Gedanken an sich vorbeiziehen.

Warum führen Sie nicht über wichtige Kunden, Geschäftspartner oder gesellschaftlich relevante Menschen, mit denen Sie zu tun haben, ein Personenbuch?

Ein abendliches Gedächtnistraining und ein Personenbuch schärfen Personen- wie Namensgedächtnis.

Sie können darin alle wichtigen Informationen sammeln und damit Ihr Gedächtnis auffrischen. In Ihrem Personenbuch sollten Sie für jede Person eine Seite einrichten und folgende Informationen notieren bzw. einkleben:

* Ort, Zeit und Datum, an dem Sie die betreffende Person kennen gelernt haben
* Fotografie (privat/offiziell) oder selbst erstellte Skizze (regt die rechte Gehirnhälfte an!)
* Ihre kleine Geschichte, die Sie sich für die Person ausgedacht haben (in Kuba traf ich …)

- Visitenkarte oder handgeschriebene Anschrift mit Zeiten, zu denen Sie die Person gut erreichen können
- Ihre ausgedachte Codierung für Telefon- bzw. Faxnummer (Österreich–Apfelstrudel–Rosinen–Vanillesauce–Kaffee)

Tipp: Viele Geschäftsleute sammeln Visitenkarten. Das Gehirn quittiert diese Methode mit Ablehnung und verweigert die Speicherung. Erst wenn Sie die Daten ganzheitlich verarbeiten, also die rechte Gehirnhälfte dazuschalten, gelangen Sie zu einem guten Personen- und Namensgedächtnis.

Übung: Erstellen Sie zu den Personen je eine merk-würdige Geschichte. Lassen Sie Ihrer Phantasie freien Lauf!

Peter Lindig (36 Jahre)
Er ist ein begeisteter Hobbyangler, verheiratet und hat drei Kinder. Markant ist sein Stoppelbart. Er ist Inhaber eines Musikzelts, in dem er sich schon einmal selbst an das Schlagzeug setzt.

Steffi Bickelmann (43 Jahre)
Sie ist Krankenschwester und mit einem Zahnarzt verheiratet. Sie sammelt mit Vorliebe Tierskulpturen und verreist gern.

Rainer Krug (58 Jahre)
Leiter einer sozialen Einrichtung, Zigarilloraucher, Vollbart. Besitzt ein großes Segelschiff.

Witze-, Sprüche- und Zitatensammlung

Irgendwann bei einem geselligen Beisammensein werden Witze erzählt. Auch mancher Spruch wird zum Besten gegeben, und ein lustiges Zitat sorgt für Heiterkeit. Die meisten Menschen halten sich für schlechte Witzeerzähler. Als Grund wird dann das schlechte Gedächtnis vorgeschoben. »Witze kann ich mir einfach nicht merken.« Mit einer einfachen Systematik sind Sie problemlos in der Lage, 100 und mehr Witze im Gehirn abzuspeichern. Sie brauchen lediglich eine Einteilung in Kategorien und vier bis sechs Verknüpfungswörter, die Sie an den Inhalt erinnern.

Wer Witze oder dergleichen Nettes erzählen kann, ist immer ein gern gesehener Gast.

1. Hauptkategorien erstellen

Teilen Sie Witze, die Sie behalten möchten, in zehn (oder mehr) Hauptbereiche ein. Beispiele:

- Politikerwitze
- Schulwitze
- Ostfriesenwitze
- Restaurantwitze
- Reimwitze
- Sexwitze
- Tierwitze
- Intellektuellenwitze
- Bundeswehrwitze
- Nationalitätenwitze

Unterteilen Sie Witze in bestimmte Sparten, und merken Sie sich dann die einzelnen Witze dazu mit Hilfe von Eselsbrücken.

2. Unterkategorien auswählen

Wenn Sie sich jetzt zu jedem Hauptbereich jeweils zehn Witze merken, haben Sie bereits 100 Stück parat. Unterteilen Sie jede Hauptkategorie wiederum in zehn Unterkategorien, indem Sie die Gedankenbrücken (Tabelle Seite 41) zu den Zahlen 0 bis 9 verwenden. Beispiel: Ordnen Sie Ihrem ersten Politikerwitz den Begriff »Indianerpfeil« zu oder dem dritten Bundeswehrwitz die Farbe Orange.

3. Verknüpfungswörter erstellen

Die Kunst der effektiven Speicherung liegt jetzt in der Erstellung von vier bis sechs Verknüpfungswörtern, die Sie an die Gedankenbrücke zur Zahl erinnern. Angenommen, Sie möchten sich folgenden Politikerwitz merken:

Helmut Kohl und Klaus Kinkel treffen sich nach den Parlamentsferien. »Na Helmut, wo hast du denn deinen Urlaub verbracht?« fragt Klaus Kinkel. »In Stanton«, antwortet Kohl. »Mensch Helmut, das heißt nicht Stanton, sondern St. Anton!«
Ein Jahr später fragt Klaus Kinkel erneut nach dem Urlaubsziel: »Und Helmut, wo warst du denn dieses Jahr in den Ferien?« Antwort Kohl: »Diesmal war ich in St. Eiermark!«

Sie können sich nun leicht vorstellen, wie Helmut Kohl in seinem Urlaubsdomizil in Österreich Cowboy und Indianer spielt. Dabei bleibt ein **Indianerpfeil** (die Zahl 1) in seinem Cowboyhut stecken. Die wichtigsten Verknüpfungswörter – bitte auf die chronologische Reihenfolge achten – dieses Witzes sind »Helmut Kohl – Stanton – St. Anton – St. Eiermark«, die Sie sich nur noch zu merken brauchen.

Überlegen Sie sich einen Zusammenhang zu dem dritten (Farbe Orange) Bundeswehrwitz, den Sie sich merken wollen: *Der Spieß zum Rekruten:* »Grüßen Sie gefälligst. Ich bin schließlich die Mutter der Kompanie.« *Darauf der Rekrut:* »Tatsächlich? Na denn – küss die Hand, gnädige Frau!«

Tipp: Dieses System ist beliebig erweiterbar. Sie können es sowohl für lustige Sprüche, humorvolle Zitate oder auch für spaßige Reime verwenden.

Aha-Aufgaben

Trainieren Sie spielerisch Ihr Gehirn. Denn ähnlich wie bei einem Sportler gilt: Nur wer sich geistig fit hält, erzielt bessere Leistungen. Bei den folgenden Aufgaben kommt es nicht auf Schnelligkeit an. Die Auflösungen finden Sie im Anhang ab Seite 90.

1. Logische Schlussfolgerung
Ergänzen Sie das fehlende Symbol.

2. Verhältnisgleichung
Eine geschlossene Flasche Wein kostet 1,10 DM. Was kostet allein der Korken, wenn er 1,– DM billiger ist als die geöffnete Flasche Wein ohne Korken?

3. Schöpfproblem
In ein Aquarium passen genau 4 Liter Wasser. Mit Hilfe eines 3-Liter-Eimers und eines 5-Liter-Eimers soll nun das Aquarium bis zum Rand gefüllt werden. Allerdings muss dann der 5-Liter-Eimer leer sein, und

kein Tropfen darf über den Aquariumrand laufen. Wie schöpfen Sie aus einem Wasserbecken die beiden Eimer untereinander ab, damit genau 4 Liter Wasser abgemessen werden? Hinweis: Sie dürfen beliebig oft die Eimer untereinander abschöpfen.

4. Schafherden

Schäfer A und Schäfer B treffen sich mit ihren Schafherden. Wenn Schäfer A dem Kollegen B ein Schaf abgibt, besitzt Schäfer B doppelt so viele Schafe wie Schäfer A. Gibt umgekehrt Schäfer B dem Kollegen A ein Schaf ab, besitzen beide gleich viele Schafe.
Wie viele Schafe hat Schäfer A, wie viele Schäfer B?

5. Den Buchstaben T konstruieren

Schneiden Sie die nachfolgend abgebildeten Figuren aus, oder kopieren Sie sie, und konstruieren Sie damit den Großbuchstaben T.

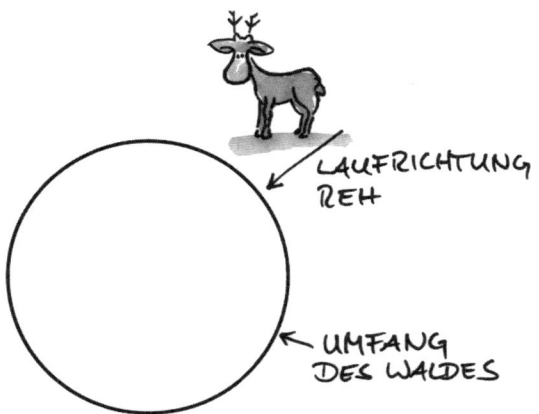

6. Wildrevier
Ein kreisrunder Wald hat einen Umfang von 628 Metern. Wie tief kann ein Reh maximal in den Wald hineinlaufen?

7. Wo liegt der Fehler?
Eine Aufgabe für Mathematikkünstler: Es folgt ein mathematischer Beweis, dass 1 gleich 2 ist !

$1 = 1$	(beide Seiten mit x multiplizieren)
$X = X$	(beide Seiten quadrieren)
$X^2 = X^2$	(von beiden Seiten x^2 abziehen)
$X^2 - X^2 = X^2 - X^2$	(linke Seite x ausklammern)
$X (X - X) = X^2 - X^2$	(rechte Seite 3. Binomische Formel anwenden)
$X (X - X) = (X + X) (X - X)$	(auf beiden Seiten [x − x] kürzen)
$X = (X + X)$	(zusammenfassen)
$X = 2 X$	(beide Seiten durch x dividieren)
$1 = 2$!!!	

8. Die Skatrunde
Drei Personen spielen Skat. Niemand saß in Vorderhand, Niemand in Mittelhand und Niemand in Hinterhand. Wie ist das in dieser Skatrunde nur möglich?

9. Würfelaufbau
Entscheiden Sie, welcher der abgebildeten Würfel zum folgenden Konstruktionsschema gehört.

10. Familienbande
Ein Elternpaar hat 5 Söhne, und jeder Sohn hat eine Schwester. Aus wie vielen Personen besteht die Familie?

11. Rechtwinklige Zugfahrt
Wie ist es möglich, dass eine Lokomotive, die von links kommt, abstoppt, anhält und im rechten Winkel zu ihrer alten Fahrtrichtung weiterfahren kann?

12. Buchstabenlogik
Ergänzen Sie die angefangene Buchstabenreihe um die nächsten zwei Buchstaben.

E   S   D   A   B   U   D   N   ___   ___

13. Wortwahl
Aus zwei Wörtern ist nach dem vorgegebenen Prinzip das dritte zu finden.

1. Geldschein	(Scheinbar)	Barkasse
Zahncreme	(_____)	Dosenbier
2. Schalter	(Schaum)	Umschalten
Bratpfanne	(	Eisen
3. Essen	(Ente)	Tante
Skala	(_____)	Fett

| **4.** Bleibe | (Bert) | Tran |
| Lieb | (_____) | Reise |

| **5.** Wort | (Trost) | Asbest |
| Tasse | (_____) | Haben |

14. Namenssuche
Welche ungewöhnlichen Namen verstecken sich hinter diesen Begriffen? Beispiel: Aus Tomate wird Tom Ate

Kurtaxe	. . . .	Alimente	. . . .
Petersilie	. . . .	Ellenbogen	. . . .
Kaiserschnitt	. . . .	Marinade	. . . .
Heinzelmännchen	. . . .	Jackpot	. . . .
Hansaplast	. . . .	Theoretisch	. . . .

Tipp: Die Namenssuche können Sie auch als kleines Gesellschaftsspiel auf einer Party oder zum Zeitvertreib veranstalten. Aufgabe: Wer findet die meisten außergewöhnlichen Namen?

15. Hochprozentiges Erbe
Ein Whiskyfabrikant hinterlässt nach seinem Tod 3 Kinder und 42 Fässer Whisky, die alle gleich groß waren. 14 Fässer waren komplett gefüllt, 14 nur zur Hälfte und die restlichen waren ganz leer. In seinem Testament bestimmte er, dass jedes Kind die gleiche Anzahl Fässer und die gleiche Menge Whisky erhalten solle, jedoch unter einer Bedingung: Die Fässer dürfen nicht geöffnet und umgefüllt werden. Wie viele Fässer und wie viel Whisky bekommt jeder?
Hinweis: Es gibt mehrere Lösungen.

Knifflige Denkaufgaben trainieren das logische Denken und machen zudem viel Spaß.

Buchstabenchaos
Finden Sie aus dem abgebildeten Buchstabenchaos auf der rechten Seite möglichst viele Wörter heraus. Die einzelnen Buchstabenfelder müssen aneinander grenzen (senkrecht, waagrecht oder diagonal), wobei eine Doppelnutzung nicht erlaubt ist. Das eingezeichnete Beispiel ergibt das Wort FLUGZEUG.

Tipp: Sie können aus dieser Aufgabe auch ein kleines Gesellschaftsspiel machen. Kopieren Sie dazu für jeden Mitspieler die Seite, oder produzieren Sie einen eigenen Buchstabenwirrwarr. Dann müssen in einer vorgegebenen Zeit möglichst viele Wörter gefunden werden. Vergeben Sie Punkte nach Anzahl der Buchstaben. Je länger das gefundene Wort ist, desto mehr Punkte kann man erreichen.

Effektiver Lesen

Zwischen 5 und 30 Prozent der Zeit verbringt der Mensch tagtäglich mit Lesen, sei es nun mit der Lektüre einer Tageszeitung, einer Illustrierten, einer Fachpublikation oder einfach eines guten Buchs.

Schneller lesen und dabei auch noch mehr Informationen behalten – das ist durch Training möglich!

Viele Leser sind sich jedoch nicht darüber im Klaren, dass beim Lesen Zeitverluste entstehen. Die häufigsten Ursachen sind:

- Das Zulassen von Leseblockern wie z. B. das innere Vorsagen
- Die schlechte Leseauswahl – viele Schriftstücke sind von vornherein überflüssig
- Eine schlechte Speicherung der Informationen
- Ineffektive Lesetechniken, die zu einer langsamen Lesegeschwindigkeit führen

Mit gezieltem Training sind Sie in der Lage, Ihre Lesegeschwindigkeit zu verdoppeln – und der Clou: Sie behalten dabei mehr! Erfassen Sie jedoch zuerst in einem kleinen Eingangstest Ihr aktuelles Leseniveau. Keine Bange, er wird nicht lange dauern.

Wie fit sind Sie?

Bitte lesen Sie den nachfolgenden Text mit Ihrem normalen Lesetempo durch, und stoppen Sie die dafür benötigte Zeit. Am einfachsten ist es, wenn Sie auf die Uhr sehen und sich die Anfangszeit notieren. Sind Sie startklar? – Los geht's!

Anfangszeit: _____ **Uhr**

START:
Dr. Nicole Schaenzler und Dr. med. Dietlinde Burkhardt aus dem Buch »Das Immunsystem natürlich stärken mit Vitaminen und Mineralien«, Ludwig Verlag.

»Vitamintabletten – schlechter als ihr Ruf?
Nach neuesten Erkenntnissen der Wissenschaft muss man beim Griff nach einem Vitaminpräparat in Zukunft wohl etwas wählerischer sein. Offensichtlich ist nicht jedes künstlich erzeugte Vitamin

gut für uns. Das haben gerade zwei neue Studien ergeben. Durch sie wissen wir jetzt mit ziemlicher Sicherheit, welche Vitamintabletten wir nicht (mehr) bedenkenlos einnehmen sollten. In der ersten Studie sollten in den USA über einen Zeitraum von vier Jahren 18.314 Testpersonen, die aufgrund äußerer Umstände stark lungenkrebsgefährdet waren, eine Kombination aus Beta-Karotin und Vitamin A einnehmen. Einer so genannten Kontrollgruppe wurden in dieser Zeit Placebos, also Tabletten ohne Wirkstoffe, gegeben. Doch musste die Studie nach zwei Jahren abgebrochen werden, weil die Zwischenergebnisse alarmierend waren: In der Gruppe der Vitaminkonsumenten war das Risiko, an Lungenkrebs zu erkranken, um 28 Prozent größer als in der Kontrollgruppe, die nur Placebos (Scheinmittel) erhielt. Dazu muss man wissen, dass der Körper ein Zuviel an Vitamin A nicht abbauen kann. Jetzt liegt die Vermutung nahe, dass ab einem gewissen Zeitpunkt und ab einer gewissen Dosis die zusätzliche Einnahme von Beta-Karotin in Kombination mit Vitamin A die Entstehung bösartiger Tumoren sogar begünstigt.

Vorsicht vor Pauschalurteilen

Aus der oben genannten Studie kann jedoch keineswegs abgeleitet werden, dass die gesundheitsfördernde Wirkung von Vitaminen grundsätzlich bezweifelt werden muss. So hat eine andere Studie die Theorie der Wissenschaft bestätigt, nach der Vitamin E, wenn es mit der Nahrung aufgenommen wird, durchaus vorbeugend gegen Herzinfarkt sein kann – obwohl sich das Vitamin E (wie das Vitamin A) im Körper anreichert. Daraus ergibt sich, dass Vitamine erst, wenn sie dem Körper als natürliche Bestandteile der Nahrung zugeführt werden, ihre besonderen Fähigkeiten entfalten können. Definitiv erwiesen ist, daß es Vitamine gibt, die, auch wenn sie zusätzlich eingenommen werden, völlig unbedenklich sind.

Fazit: Wenn Sie auf Vitaminpräparate – aus welchen Gründen auch immer – nicht verzichten möchten, dann sollten Sie sich unbedingt mit Ihrem Arzt absprechen. Wie gesagt: Eine Überdosierung durch Vitaminpräparate kann gesundheitliche Auswirkungen haben! Fest steht: Synthetisch hergestellte Vitaminpräparate sollten nicht über einen längeren Zeitraum eingenommen werden – allenfalls die wasserlöslichen B-Vitamine und das Vitamin C.

Vitamine – unverzichtbar für den Immunschutz

Dass Vitamine wichtig für die Stärkung unseres Immunsystems sind, ist mittlerweile hinlänglich bekannt. Aber die Vitamine scheinen noch andere Fähigkeiten zu besitzen. So gibt es inzwischen wissenschaftliche Hinweise, dass sie den Körper außerdem vor Umweltgiften und Zivilisationskrankheiten wie Krebs, Arteriosklerose oder Herzinfarkt schützen. Höchstwahrscheinlich schirmen unsere eigenen Vitamine sogar vor den schädlichen Auswirkungen der so genannten freien Radikale ab.

Was sind freie Radikale?

Freie Radikale sind zunächst einmal nichts anderes als chemische Moleküle: Als Sauerstoffatome und Oxide (Sauerstoffverbindungen) entstehen sie in unserem Organismus ganz automatisch. Zeitweilig leisten sie in unserem Stoffwechsel sogar positive Arbeit.

Beispielsweise helfen sie dem Immunsystem bei der Zerstörung von Krankheitserregern. Da sie sehr aggressiv sind, können sie in Zellen und Geweben aber auch schwere Schäden hinterlassen. Weil den freien Radikalen ein Elektron abhanden gekommen ist, sind sie grundsätzlich instabil – im Gegensatz zu einem stabilen, vollständigen Molekül, dessen Atome sich in einem festen Verbund befinden. Als unvollständige, elektrisch nicht mehr neutrale Teilchen machen sie sich nun auf, um sich bei einem der unvollständigen, stabilen Moleküle ein Elektron zu holen – und zerstören damit den festen Zusammenhalt der Atome der stabilen Moleküle. Dadurch entsteht eine Kettenreaktion, die fatale Folgen haben kann.

Freie Radikale – Feinde unserer Gesundheit

Die größte Gefahr droht uns durch freie Radikale von außen, und zwar vor allem durch Umweltgifte, Zigarettenrauch, Schwermetalle und UV-Strahlung bzw. andere Strahlung. Durch diese Einflüsse vermehren sich die freien Radikale innerhalb kürzester Zeit und bedrohen unsere Organismen in aggressivster Weise. Sie greifen empfindliche Zellmembranen an und legen Zellfunktionen lahm.

Freie Radikale stehen in dem Verdacht, Krankheiten wie Krebs, Parkinsonsche Krankheit, Arteriosklerose, Hauterkrankungen,

Arthritis oder die Augenkrankheit grauer Star zu verursachen oder doch massiv zu begünstigen. Außerdem fördern Sie – nach Meinung einiger Wissenschaftler – den vorzeitigen Alterungsprozess der Haut, ja des gesamten Organismus. Möglicherweise explodiert die Zahl der freien Radikale aber auch, wenn bestimmte Vitamine unserem Körper nicht in ausreichendem Maß zur Verfügung stehen. Als so genannte Radikalefänger schützen antioxidative Vitamine (Antioxidanzien) den Körper vor den außer Kontrolle geratenen Teilchen.«

▼ ZIEL

Halt!!!! Bitte stoppen Sie jetzt die Zeit.

Endzeit: _____ **Uhr**

Ermitteln Sie Ihr Lesetempo

Bestimmen Sie nun die Differenz zwischen Anfangs- und Endzeit.

Meine Lesezeit: _____ Minuten und _____ Sekunden

Die Sekunden runden Sie bitte auf eine Zehntelminute auf oder ab (eine Zehntelminute entspricht 6 Sekunden). Wenn Sie z. B. 3 Minuten und 20 Sekunden benötigt hätten, würde das einer gerundeten Zeit von 3,3 Minuten entsprechen. Tragen Sie Ihre gemessene Zeit in Minuten ein:

Meine Lesezeit: _____ Minuten

Rechnen Sie nun Ihr aktuelles Lesetempo aus, nach der Formel

$$\text{Lesegeschwindigkeit} = \frac{\textbf{Anzahl der gelesenen Wörter}}{\textbf{Lesezeit in Minuten}}$$

Der Text, den Sie gerade gelesen haben, hat ungefähr 630 Wörter. Setzen Sie diese Zahl zusammen mit Ihrer gestoppten Lesezeit in die Formel ein. Die Lesegeschwindigkeit erhält dabei die Abkürzung WPM (Wörter pro Minute).

Meine Lesegeschwindigkeit: _____ **WPM**

Zur Gegenprobe noch ein zweiter Lesetext aus »Prüfungen vorbereiten und bestehen«, Peter Kruppa, Südwest Verlag.

START:
Keine Angst vor Prüfungen
Prüfungsängste führen oftmals zu einer Lernhemmung. Die Folge: Auf der Wichtigkeitsskala rangiert die Prüfung auf einem unteren Platz. Gleichzeitig baut der Körper seine natürlichen Abwehrmechanismen gegen den »Feind« Prüfung auf. Schlafstörungen, Herzrasen, Schweißausbrüche, Kribbeln in der Magengegend oder nervöses Aufundablaufen sind nur einige Beispiele dafür. Dagegen können Sie etwas unternehmen. Mit einem gezielten Angstmanagement lassen sich Ängste und Sorgen auf ein erträgliches Maß reduzieren.

Angst ist unser ständiger Begleiter
Schon seit Jahrtausenden helfen Ängste der Menschheit zu überleben. So werden bei Gefahr automatisch Fluchtmechanismen in Gang gesetzt. Jeder, der schon einmal einem Wespennest zu nahe kam, weiß, wie schnell die Füße beim Weglaufen vor den stechenden Tieren werden können. Der Überlebenskampf in der heutigen Zeit hat sich jedoch stark gewandelt. Kein Raubtier, vor dem man flüchten muss, und auch kein feindlicher Krieger, dem man im Kampf gegenübersteht. Die »modernen« Ängste sind andere. Man befürchtet, krank zu werden oder in den finanziellen Ruin zu geraten; man hat Angst vor Umweltkatastrophen, sorgt sich um den Arbeitsplatz und über das, was später wird. Das Grübeln über die eigene Zukunft ist bei vielen so ausgeprägt, dass sie, ohne das Tageshoroskop gelesen zu haben, den ganzen Tag über nervös, unsicher und schlecht gelaunt sind.

Ein Versuch, der zum Nachdenken anregt
Eine große Tageszeitung hat einmal das Tageshoroskop absichtlich nicht abgedruckt. Hunderte Telefonanrufe und Beschwerdebriefe

waren die Folge. Die Zeitung musste tags darauf das fehlende Horoskop nachdrucken und sich bei den Lesern entschuldigen. Insgesamt kündigten über 200 Leser ihr Abonnement!
Ob eine abzulegende Prüfung eines bestimmten Tags mit welchem Ergebnis bestanden wird, kann man in einem Horoskop leider nicht nachlesen.

Wie man die Angst besiegen kann

Ängste werden ausschließlich im Kopf erzeugt. Das gilt für unsere Alltagssorgen ebenso wie für Prüfungsängste. Das Nachdenken über die Prüfung und die Prüfungsvorbereitung führt dazu, dass Angst machende Gedanken von uns Besitz ergreifen. Sie können unseren kompletten Motivationsvorrat verbrauchen und bis zur völligen Ohnmacht führen.
Um den Prüfungsängsten erfolgreich den Kampf anzusagen, ist es notwendig, sie genau zu kennen. Auf den nächsten Seiten lernen Sie die häufigsten Angst machenden Gedanken, die bei Prüfungskandidaten im Kopf herumschwirren, kennen. Wobei unter Prüfungen nicht nur die benoteten Leistungskontrollen (Tests, Klausuren, Klassenarbeiten, Examen usw.) gemeint sind, sondern auch Herausforderungen wie Vorträge, Bewerbungsgespräche, Reden, Diskussionsbeiträge usw. Ängste lassen sich wirkungsvoll abschwächen, wenn Sie ihnen mit beruhigenden Überlegungen entgegentreten. Häufig genügt dazu schon eine sachliche Analyse. Dadurch nehmen Sie nämlich den Standpunkt eines »kühlen Beobachters« ein: Sie umgrenzen die Angst und können sie loslassen. Einige mögliche Ansatzpunkte habe ich Ihnen deshalb zu den einzelnen Angst machenden Gedanken aufgeschrieben. Viele dieser Überlegungen werden mit Sicherheit auch auf Sie zutreffen.

Ängste erkennen

Das Wissen über die eigenen Ängste und Sorgen ist bereits eine große Hilfe. Die klare Vorstellung von dem, was Sie innerlich bewegt, und der Wille, die Probleme auch wirklich zu bewältigen, sind wichtige Voraussetzungen für Ruhe und Gelassenheit.
Sie werden entspannter und gefestigter, wenn Ihnen die beruhigenden Überlegungen in Fleisch und Blut übergehen. Sie erreichen das, indem Sie sie täglich durchlesen oder sich an sie erinnern. Wissenschaftler nennen dieses Verfahren das Prinzip der

Selbsteinredung. Es bedeutet, dass allein der Glaube an einen bestimmten Gedanken das eigene Verhalten ändern kann. Nutzen
Sie diese Tatsache, um Ihre Ängste zurückzudrängen. Es hilft ga-
rantiert. Ich habe Ihnen zu den beruhigenden Überlegungen jeweils eine Formel aufgeschrieben. Wenn Ihnen die Formulierung
nicht gefällt, überlegen Sie sich eine eigene.

Ein psychologischer Test
Bitte stellen Sie sich vor, Sie unternehmen einen Ausflug. Sie
steigen auf Ihr grün angestrichenes Fahrrad, und los geht's. Zuerst fahren Sie durch einen Wald. Sie riechen, wie die grünen
Tannennadeln duften, und genießen das prachtvolle Blattgrün der
Buchen- und Eichenbäume. Auf einer grünen Moosfläche machen
Sie eine kurze Pause. Als Sie den Wald verlassen, radeln Sie
durch eine Gegend voller tiefgrüner Wiesen. Einfach wunderbar!
Schließlich fahren Sie durch Felder von grünen Rapspflanzen, die
nicht mehr blühen. So viel Fahrerei macht ganz schön hungrig. Sie
entscheiden deshalb, im Restaurant »Zur grünen Aussicht« etwas
zu essen. Dort angekommen, bestellen Sie einen knackigen grünen Sommersalat. Zum Nachtisch bestellen Sie sich einige Kugeln
giftgrünes Waldmeistereis, das mit einigen grünen Pfefferminz-
blättern dekoriert ist. Das schmeckt! Schließen Sie jetzt bitte für
einen Moment die Augen und erleben Sie den Ausflug noch einmal in Ihrer Phantasie. Fertig? – Gut!

Beantworten Sie jetzt bitte folgende Frage:
Bei welcher Farbe muss man an einer Fußgängerampel stehen
bleiben? Richtig, bei .... Rot!

Wollten Sie im ersten Augenblick »Grün« sagen? – Dann geht es
Ihnen wie vielen Menschen. Der Test ist ein Beweis dafür, wie
durch ständige Wiederholung und Einredung der Mensch in eine
bestimmte Richtung beeinflusst werden kann. Und genauso ist es
auch mit der Angst.

Mit Beruhigungsformeln gegen die Angst
Begegnen Sie Ängsten mit einer Beruhigungsformel, die Sie sich
einprägen und ständig wiederholen. Sie werden dadurch ruhiger
und gelassener.

Typische Prüfungsängste
Angstmacher Nr. 1 – durch die Prüfung fallen

Typische Gedanken:
»Wenn ich durch die Prüfung falle, ist alles aus. Wie soll es dann bloß weitergehen? Alle werden mich für einen Versager, eine Niete halten. An die Enttäuschung und Vorwürfe meiner Eltern (Verwandten, Bekannten, Kollegen, Vorgesetzten) darf ich erst gar nicht denken! Was werden nur meine Freunde von mir halten?
Wenn ich bei dem Vortrag (Rede, Ansprache, Vorstellungsgespräch usw.) versage, gebe ich mich der Lächerlichkeit preis. Ich stehe dann wie ein Idiot da. Meine berufliche Zukunft kann ich mir dann abschminken.«

Beruhigende Überlegungen:
Natürlich können Sie durch eine Prüfung fallen oder eine Seminararbeit verhauen. Sogar Albert Einstein ist in der Schule sitzen geblieben und hat eine »Ehrenrunde« gedreht. Na und? Wussten Sie eigentlich, dass er wegen seiner schlechten Mathematikleistungen fast von der Schule genommen wurde? Glauben Sie etwa im Ernst, dass alle anderen die absoluten Genies bzw. perfektesten Redner sind, nur Sie machen Fehler? Glauben Sie das bloß nicht!

Wenn Ihnen die ungewisse Zukunft nach einer nicht bestandenen Prüfung oder einer misslungenen Weiterbildung große Sorgen bereitet, gewöhnen Sie sich die nachstehende Vorgehensweise an. Der Angstmacher Nr. 1 wird Sie dann nicht mehr in eine ausweglose Sackgasse treiben.

1. Schritt: Fragen Sie sich, was Ihnen wirklich im schlimmsten Fall passieren kann, wenn Ihre Erwartungen nicht erfüllt werden. Denken Sie sorgfältig darüber nach. Halten Sie mit Ihren Sorgen und Nöten nicht hinter dem Berg, sondern teilen Sie Ihre Zukunftsängste Ihren engsten Vertrauten mit.

2. Schritt: Finden Sie sich gedanklich mit dem schlimmsten Szenario ab, so als ob Sie beispielsweise schon durch eine Prüfung gefallen wären. Akzeptieren Sie das schlechteste Ergebnis.

3. Schritt: Beginnen Sie nun mit Kraft und Energie, dieses Szenario von sich abzuwenden. Bleiben Sie dabei ruhig und gelassen, denn Sie sind ja auf das Schlimmste gefasst. Stecken Sie sich einen festgesetzten Rahmen (Zeitplan, Arbeitspensum usw.) ab, den Sie auf jeden Fall einhalten werden. Lassen Sie sich auf keinen Fall von Ihrem Weg abbringen. Und vor allem tun Sie eines nicht: Sorgen Sie sich nicht über die Zukunft.

▼ **ZIEL**

Dieser Text hat 1.120 Wörter. Die Lesegeschwindigkeit beträgt:

_____ WPM.

Testauswertung

Unter 200 WPM:

Wahrscheinlich kommt es bei Ihnen nicht so häufig vor, dass Sie einen längeren Fachtext lesen. Das Ihnen allein bei dem Gedanken daran die Lust vergeht, liegt an der geringen Lesegeschwindigkeit. Den gesparten Zeitaufwand setzen Sie in Relation zum Nutzen (und dadurch Vergnügen), entscheiden sich meistens für die bequeme Möglichkeit und beschränken sich auf das Notwendigste. Eine – natürlich kürzere – Verfilmung liegt Ihnen mehr als die anstrengende – weil länger dauernde – Buchvariante. Dagegen können Sie mit kleinen Trainingseinheiten etwas unternehmen.

Bei unter 200 Wörtern pro Minute kann das Lesetempo mit dem entsprechendem Training stark erhöht werden.

Zwischen 200 und 300 WPM:

Ihr Lesetempo liegt im Bereich der meisten Menschen. Sie sollten sich jedoch nicht damit abfinden. Das tägliche Lesepensum lässt sich problemlos in der halben Zeit absolvieren, was einer Verdopplung der Lesegeschwindigkeit entspricht. Hierzu finden Sie anschließend gute und hilfreiche Anregungen. Das setzt natürlich ein regelmäßiges Training voraus.

Über 300 WPM:

Vermutlich lesen Sie aus beruflichen oder privaten Gründen bereits regelmäßig und intensiv. Sie brauchen nur eine interessante Buchvorstellung zu sehen, und schon besorgen Sie sich ein Exemplar. Aber können Sie sich auch gut an das Gelesene erinnern? Versuchen Sie mit den nachfolgenden Tipps, noch schneller zu werden und mehr zu behalten.

Wie steht es mit Ihrem Erinnerungsvermögen?

Bitte beantworten Sie die kommenden Fragen durch Ankreuzen, ohne zum ersten Text zurückzublättern. Dieser Textteil zeigt Ihnen, wie gut Sie sich an Inhalte erinnern können.
Wenn Sie eine Frage partout nicht beantworten können, lassen Sie das Kreuz einfach weg.

1. Wie viele lungenkrebsgefährdete Testpersonen aus den USA nahmen etwa an der erstgenannten Studie über Vitaminpräparate teil?
   a) ca. 180
   b) ca. 1.800
   c) ca. 18.000
   d) ca. 180.000

2. Welche Vitaminkombination nahmen die Testpersonen ein?
   a) Beta-Karotin und Vitamin A
   b) Beta-Karotin und Vitamin C
   c) Vitamin A und Vitamin C
   d) Vitamin C und Vitamin E

Bei den Fragen zum ersten Lesetext, die Ihre Merkfähigkeit kontrollieren, ist immer nur eine Antwort richtig.

3. Was sind Placebos?
   a) Vitaminpräparate
   b) Testprobanden
   c) Krebstumore
   d) Scheinmittel

4. Vitamin E kann, wenn es mit der Nahrung aufgenommen wird, vorbeugend wirken gegen …
   a) … Lungenkrebs
   b) … Herzinfarkt
   c) … Arteriosklerose
   d) … Arthritis

5. Welcher Stoff kann problemlos über einen längeren Zeitraum eingenommen werden?
   a) Vitamin A
   b) Beta-Karotin
   c) Schwermetall
   d) Vitamin C

6. Aus chemischer Sicht fehlt folgender Bestandteil den freien
Radikale:
a) Elektron
b) Molekül
c) Oxid
d) Sauerstoffatom

7. Welche Gefahr von außen fördert nicht unmittelbar die Zunahme
der freien Radikale?
a) UV-Strahlung
b) starker Frost
c) Zigarettenrauch
d) Umweltgifte

8. Der graue Star ist …
a) … eine Vogelart
b) … ein Bestandteil einer Zelle
c) … eine Augenkrankheit
d) … ein gealterter Mensch

9. Antioxidanzien sind …
a) … Radikalefänger
b) … unheilbare Krankheiten
c) … Zellmembranen
d) … Vitaminwissenschaftler

Sie brauchen sich nicht mühsam die richtigen Lösungen aus dem
Text heraus zu suchen. Hier sind sie: 1c, 2a, 3d, 4b, 5d, 6a, 7b, 8c,
9a. Konnten Sie alle Aufgaben aus dem Kopf richtig lösen? – Vermutlich nicht. Ist nicht so schlimm, denn das wird mit großer Sicherheit den meisten Menschen nach der Lektüre des Artikels so erge-
hen. Viele Leser von Fachartikeln, Berichten oder Aufsätzen, also
Texten, die nicht unterhalten, sondern Informationen vermitteln
wollen, verstehen es nicht, gezielt und schnell die wesentliche Aussage aus einem Abschnitt oder Satz zu selektieren. Es werden viel zu
viel überflüssige Informationen gespeichert, die das Lesetempo
bremsen und zu Rücksprüngen führen. Sie kennen das beim so genannten »apathischen« Lesen, d. h., man liest eine Seite und weiß
überhaupt nicht mehr, was man gerade gelesen hat. Die Folge:
Zurück zum Seitenanfang. Mit den nachfolgenden Ratschlägen und
Übungsmöglichkeiten können Sie Ihr Lesetempo verdoppeln!

BLICKFELDMESSUNG

Mit dieser Übung können Sie Ihr mögliches Blickfeld abschätzen. Konzentrieren Sie sich auf die in Sternchen gesetzten Zahlen in der Mitte, und fixieren Sie sie. Die Augen dürfen nicht nach links und rechts wandern. Nun beginnen Sie langsam die Zahlen optisch von 1 bis 22 abzuschreiten. Welche Wörter können von Ihnen aus dem Blickwinkel noch erkannt werden?

Durch ein verkürztes Blickfeld beim Lesen kann das Lesetempo erhöht werden.

```
            W *01* O
            E *02* I
           HA *03* US
           BU *04* CH
          ERF *05* OLG
          LIN *06* EAL
         SEKU *07* NDEN
         BEIS *08* PIEL
        MENSC *09* HHEIT
        LINEA *10* RITÄT
       ZUSAMM *11* ENHANG
       GEHIRN *12* HÄLFTE
       DENKN *13* IVEAU
        SUPER *14* MARKT
         GESC *15* HÄFT
         TRAI *16* NING
          WIS *17* SEN
          URL *18* AUB
           DA *19* ME
           TE *20* XT
            D *21* U
            I *22* M
```

Tipp: Diese Übung sollten Sie vor jedem längeren Text kurz durchführen. Sie können dadurch die Textbreite optisch verkleinern. Die Augen brauchen dann nicht die Zeilen vom Anfang bis zum Ende zu lesen. Das Lesetempo erhöht sich.

BLICKFELDTRAINING

Die Augen nehmen noch Informationen wahr, die außerhalb des Konzentrationsbereichs liegen. Mannschaftssportler erfahren das, wenn sie aus den Augenwinkeln eine Spielsituation erfassen. Diese Tatsache können Sie sich beim Lesen zunutze machen. Die Lesegeschwindigkeit wird dadurch spürbar gesteigert. Verkürzen Sie den Lesebereich eines Texts links und rechts um den Abstand, mit dem Sie bei der Blickfeldmessung gut klargekommen sind. Wenn Sie also die Begriffe ERFOLG, LINEAL, WISSEN und URLAUB gut erfassen konnten, entspricht dies einem Abstand von jeweils 1,5 Zentimeter. Beginnen Sie also eine Zeile nicht am äußeren linken Rand, und lassen Sie nicht die Augen bis zum Zeilenende wandern. Sie werden schnell merken, daß Sie trotzdem den gesamten Text, ohne dabei Informationen zu verlieren, erfassen.

Die Augen tasten beim Lesen nicht mehr Zeile für Zeile ab, sondern konzentrieren sich auf Blickfelder auf der Buchseite.

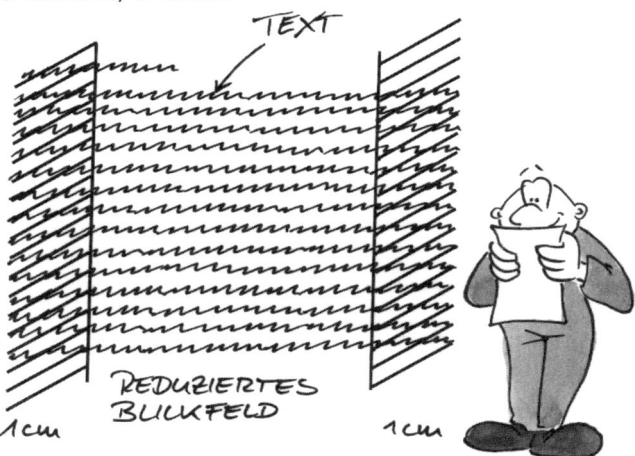

TEXT

REDUZIERTES BLICKFELD

1 cm   1 cm

Den Umgang mit einem abgekürzten Blickfeld können Sie sehr leicht üben. Beschaffen Sie sich hierzu einen Text auf einem DIN-A4-Blatt, und knicken Sie jeweils links und rechts etwa 1 Zentimeter nach hinten um. Jetzt den Text lesen und die Zeit stoppen. Mit zunehmender Gewöhnung können Sie den Abstand auch vergrößern. Jedoch besteht dann die Gefahr, dass Informationen verloren gehen und der Text dann nicht mehr richtig verstanden wird.

Tipp: Die Blickfeldreduzierung hängt auch von der Textbreite ab. Bei Zeitungstexten, die spaltenweise gedruckt und meistens leicht verständlich geschrieben sind, sollten Sie das Blickfeld auf einen Punkt je Zeile fixieren.

KURZURLAUB FÜR DIE AUGEN

Gönnen Sie Ihren Augen nach einer anstrengenden Leseeinheit oder einer Sitzung vor dem Computerbildschirm eine wohltuende Pause. Diese Entspannungsübung können Sie jederzeit anwenden:

Zur Entspannung: Reiben Sie die Handinnenflächen so lange gegeneinander, bis sie sich angenehm warm anfühlen. Schließen Sie die Augen, und legen Sie die angewärmten Hände darauf. Lassen Sie nun die Wärme in die Augenpartien strömen. Schalten Sie für einige Sekunden ab, und denken Sie an etwas Angenehmes. Das Ganze 3- bis 5-mal wiederholen.

MITSPRECHEN UND INNERES MITLESEN

Die Lesemethoden, die wir in unserer Kindheit erworben haben, haben wir im Unterbewusstsein in unsere Lesegewohnheiten eingebaut. Sie bremsen ganz erheblich den Lesefluss.

- Das laute Buchstabieren, um aus dem Abc ein Wort zu bilden (»B – A – U – M«). Wir übernehmen das heute noch bei Abkürzungen oder Kürzeln.
- Die laute Aneinanderkettung von Silben, damit Wörter betont werden. Sie soll eine Hilfe für die Rechtschreibung sein (»EI – SEN – BAHN«). Sie erinnern sich bestimmt an Ihre Grundschulzeit, wo sogar die ganze Klasse im Chor Wörter lesen musste. Später versuchen wir nach dieser Methode Fremdwörter oder Fachausdrücke leichter begreifbar zu machen.
- Das laute Vorlesen in der Klasse, wobei der Zeigefinger die Augenbewegung unterstützt hat. Wir benutzen das Verfahren, wenn Textpassagen inhaltlich nicht verstanden werden oder die Konzentration fehlt.

Relikte aus der Anfangszeit der ersten Leseübungen bremsen in späteren Jahren das Lesetempo.

MITSPRECHEN UND INNERES MITLESEN

Das laute Lesen hat sich bei uns mit zunehmender Routine in ein inneres Mitsprechen gewandelt. Sprachwissenschaftler sprechen dabei von Subartikulation oder Subvokalisation. Sie lässt sich zwar nie ganz ausschalten, jedoch können Sie mit ein paar einfachen Regeln das innere Mitsprechen auf ein Minimum reduzieren. Sie lesen dann schneller.

Vier Regeln zum Abbau von Leseblockaden

1. Schränken Sie das Mitsprechen auf wenige zentrale Schlüsselwörter ein. So werden Sie überflüssigen Datenballast los, der das Lesen bremst.
2. Versuchen Sie, die Augen bei der Lektüre auf die Schlüsselwörter zu fixieren. Sie verhindern auf diese Weise unnötige Pausen.
3. Vermeiden Sie leises Mitmurmeln. Die Lesegeschwindigkeit passt sich sonst der sehr viel langsameren Sprechgeschwindigkeit an.
4. Nicht mit dem Zeigefinger den ganzen Text lesen. Für eine optimale Unterstützung eignet sich diese einfache Möglichkeit: Decken Sie mit einem einfarbigen Blatt Papier den Text ab. Dann zeilenweise das Blatt nach unten schieben und den Text freilegen. Sie erkennen dann besser wichtige Schlüsselwörter.

MÜSSEN SIE ALLES LESEN?

Abgesehen von Unterhaltungsliteratur wird oftmals bereits vor dem Lesen eine falsche Auswahl getroffen. Danach muss man dann enttäuscht feststellen, dass die Mühe umsonst war.
Treffen Sie mit dem nachfolgenden Auswahlstruktogramm eine zielgerichtete Leseentscheidung.

Tipp: Hängen Sie sich das folgende Struktogramm gut sichtbar an Ihrem Arbeitsplatz auf. Es hilft Ihnen, schnell Ordnung auf Ihrem Schreibtisch zu schaffen, wenn sich dort das Papier stapelt.

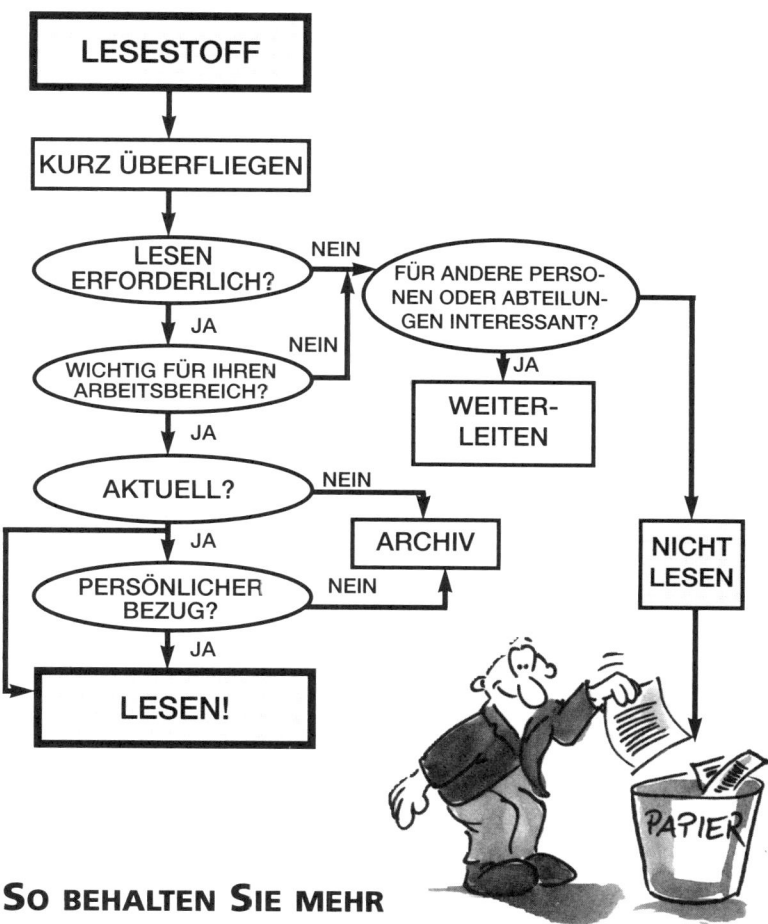

So behalten Sie mehr

Mit einem höheren Lesetempo stellt sich natürlich die Frage, ob nicht die Aufnahmefähigkeit darunter leidet. Verständnis und Behalten hängen im Wesentlichen davon ab, wie gut Sie die Informationen selektieren. Hier spielen erneut die Schlüsselwörter, die Sie beim schnelleren Lesen identifiziert haben, eine wichtige Rolle, da sie den Kern einer Aussage treffen. Vorab sollten Sie sich einen groben Gesamtüberblick verschaffen. Diese Selektionsmethode hilft Ihnen, schnell und effizient einen Text zu erfassen und alle wichtigen Informationen herauszufiltern:

1. Klären Sie zuerst, warum Sie diesen Text überhaupt lesen müssen. Notfalls mit dem Auswahlstruktogramm selektieren.
2. Besitzen Sie bereits Informationen über das Thema? Wenn ja, überprüfen Sie den Text auf Aktualität. Wie das geht, zeigt Ihnen der nächste Schritt.
3. Lesen Sie zuerst Überschriften, Titel, Zwischenüberschriften und Angaben, die bei Fotografien bzw. Grafiken stehen.
4. Ist eine Einleitung oder Zusammenfassung vorhanden? Eine gute Zusammenfassung erspart meistens schon das Lesen.
5. Haben Sie sich dafür entschieden, den Text trotzdem zu lesen, gehen Sie zügig vor. Trainieren Sie vorher Ihr Blickfeld!
6. Überfliegen Sie nochmals den Text, und markieren Sie mit einem farbigen Stift wichtige Schlüsselwörter, schreiben Sie kleine Kommentare neben den Text, und formulieren Sie zu jedem längeren Absatz eine Kernaussage.
7. Entwerfen Sie ein eigenes Auswertungsschema (Struktogramm, Mind-Map).

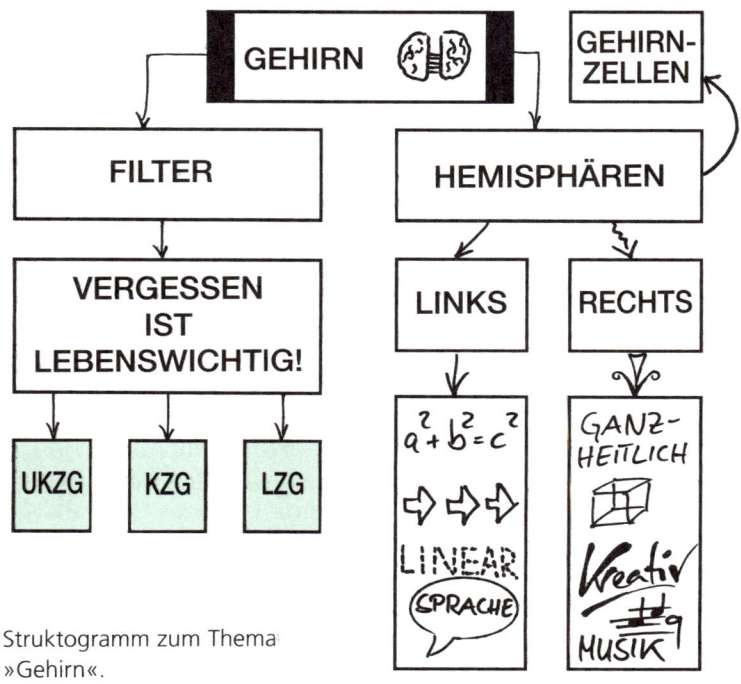

Struktogramm zum Thema »Gehirn«.

Tipp: Sie aktivieren die rechte Gehirnhälfte, wenn Sie bei einem Struktogramm Zeichnungen, Grafiken und unterschiedliche Farben verwenden. Die Merkfähigkeit nimmt dadurch zu.

LESEPROTOKOLL

Kontrollieren Sie Ihr Lesetempo, indem Sie sich ein Leseprotokoll anfertigen. Tragen Sie dort die Ergebnisse Ihrer Trainingseinheiten ein. Geben Sie sich eine Zielmarke vor, die Sie erreichen möchten (z. B. Verdopplung der Lesegeschwindigkeit). Als Erstes tragen Sie bitte den ermittelten Wert aus dem Eingangstest ein.

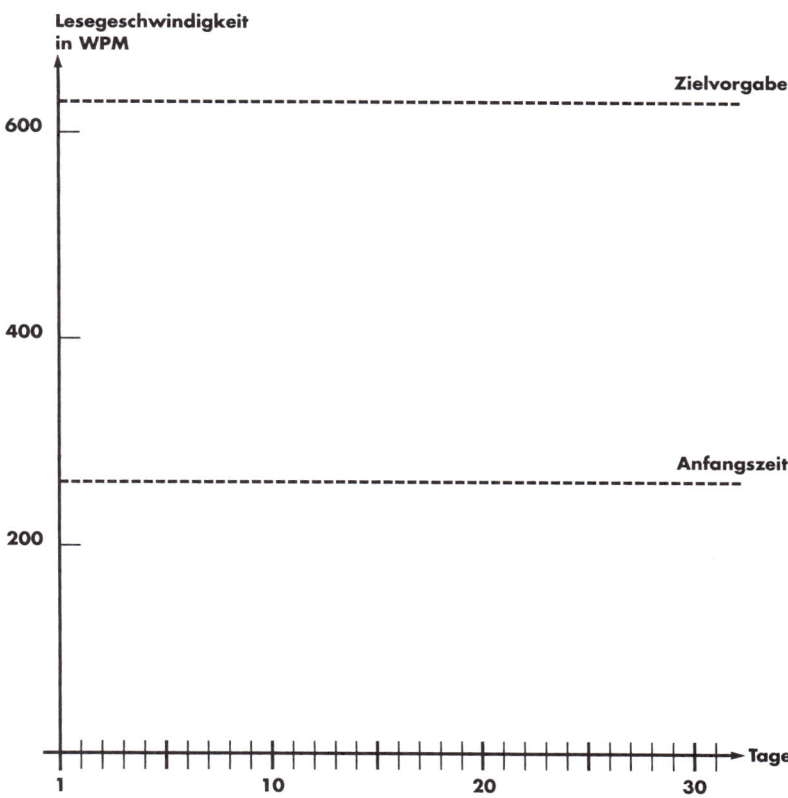

Reden wie ein Profi

Keine Angst vor der freien Rede

Genau betrachtet praktizieren wir die freie Rede tagtäglich. Sei es bei einem Telefonat, während einer Unterhaltung mit einem Arbeitskollegen oder in einer Diskussionsrunde im Freundeskreis. Dennoch beschleicht uns ein ungutes Gefühl, wenn wir vor einer größeren Menschenmenge etwas vortragen sollen. Meistens sind negative Gedanken wie die folgenden dafür verantwortlich. Die schlimmsten Gedankengänge sind:

> **Die Textspeicherung für eine freie Rede kann trainiert werden.**

- Die Angst vor der Situation, dass man den roten Faden verliert und nicht mehr weiter weiß. (»Mein Gott, wenn ich nur an einen möglichen Black-out denke! Alle werden mich fragend anstarren!«)
- Die schlimmen Gedanken an eine mögliche Blamage, weil der Vortrag »in den Sand gesetzt« wurde. Sie quälen sich mit Gedanken wie: »Sicher werden sich alle total langweilen und hoffen, dass dieses Trauerspiel bald vorüber ist.«
- Schließlich die Befürchtungen über die Abwehrmaßnahmen des Körpers gegen den Feind »mündliche Rede«. (»Mein Mund ist so trocken, dass ich bestimmt kein Wort sagen kann.«)

Diese Überlegungen sind Ausdruck von mangelndem Training und fehlenden Methoden, einen Vortrag oder eine Rede optimal vorzubereiten und zu halten.

Dagegen lässt sich wirkungsvoll etwas unternehmen, wie Ihnen dieser Abschnitt zeigen wird. Testen Sie jedoch zuerst, woran es bei Ihnen mit der mündlichen Rede hapert.

Test

Eine mündliche Rede fußt auf den beiden Grundpfeilern Informationsspeicherung und Sprache. Bitte kreuzen Sie diejenigen Buchstaben A oder B an, die auf Sie zutreffen. Zählen Sie danach die Buchstaben zusammen, und lesen Sie die Auswertung, je nachdem, welcher Buchstabe überwiegt. Werden beide Buchstaben etwa gleich häufig angekreuzt, sind beide Auswertungen gültig.

Informationsspeicherung	Buchstabe A
1. Witze kann ich mir einfach nicht merken.	☐
2. Beim Singen von Liedern benötige ich immer eine Textvorlage.	☐
3. Vor dem Einkaufen fertige ich mir eine Liste an.	☐
4. Eine Filmhandlung kann ich mir nur schlecht merken.	☐
5. Den Inhalt eines Buchs vergesse ich meistens.	☐
6. Wichtige Daten und Fakten aus einer Konferenz muss ich häufig nachschlagen.	☐
7. Ohne Manuskript bin ich bei einem Vortrag hilflos.	☐
8. Spontanreden, wie z. B. auf einer Geburtstagsfeier, liegen mir nicht, da ich nicht genug Informationen über den Gratulanten habe.	☐
9. Ich kann nur wenig Zitate auswendig aufsagen.	☐
10. An Reiserouten erinnere ich mich nicht so gut, auch wenn ich sie schon mehrmals abgefahren bin.	☐
Sprache	**Buchstabe B**
1. Beim lauten Lesen höre ich meiner eigenen Stimme nicht so genau zu.	☐
2. Beim Sprechen verschlucke ich häufig Silben.	☐
3. Ich trage ungern Gedichte, Witze oder kleine Geschichten vor.	☐
4. Ein Lied vor einem Publikum vorzusingen, traue ich mir nicht zu.	☐
5. Ich verspüre eine gewisse Scheu, bei einer Laienspielgruppe mitzumachen.	☐
6. Ich stelle ungern Fragen während einer Diskussionsrunde oder nach einem Vortrag.	☐
7. Ich bemerke oft, dass ich Füllsilben wie »äh« beim Sprechen verwende.	☐
8. Vor einem Telefonat mit einem fremden Menschen überkommt mich ein ungutes Gefühl.	☐
9. Fremdsprachen interessieren mich nicht so sehr.	☐
10. Ich kann nur sehr schwer etwas in einem Dialekt erzählen.	☐

Testauswertung Buchstabe A

Eine frei vorgetragene Rede erhöht deren Lebendigkeit um ein Vielfaches.

Ihre Nervosität vor einer Rede liegt an der mangelnden Speicherung des Inhalts. Ohne ein ausgefeiltes Manuskript fühlen Sie sich hoffnungslos verloren. Sie haben Angst, dass Sie im entscheidenden Augenblick ein Black-out haben und Sie sich der Lächerlichkeit preisgeben. Die logische Folge: Lieber klammern Sie sich an Ihre Aufzeichnungen. Damit Ihr Vortrag nicht zur reinen Vorlesung verkümmert, ist es wichtig, dass Sie die Informationen aus dem Kopf wiedergeben können. Trainieren Sie deshalb die nachfolgenden Systeme zur einfachen Textspeicherung, und Sie werden jeden Vortrag mit Leichtigkeit auch auswendig halten.

Testauswertung Buchstabe B

Ihnen gefällt Ihre Sprache nicht. Sie haben Beklemmungen, weil Sie befürchten, dass sie sich nicht interessant genug anhört und man Sie nicht deutlich versteht. Bevor Sie einen Witz erzählen, dem womöglich der sprachliche Pep fehlt, schweigen Sie lieber. Analysieren Sie deshalb Ihre Sprache und Ihre Ausdrucksweise. Üben Sie reden. Der folgende Abschnitt wird Ihnen hierfür gute Trainingsmöglichkeiten aufzeigen.

SIEBEN GRÜNDE FÜR DIE FREIE REDE

Ein Redner, der nur von seinem Manuskript abliest, lässt sich sehr leicht durch Zwischenfragen verunsichern. Die Fragen lenken ihn von seinem Konzept ab und fordern zum Blickkontakt mit dem Publikum auf. Die freie Rede bietet immense Vorteile, die helfen, nicht nur wertvolle Zeit zu sparen, sondern auch Gelassenheit, Souveränität und Selbstvertrauen zu gewinnen.

1. Der Blickkontakt verrät viel

Da Sie kein Manuskript benötigen, in das Sie die ganze Zeit schauen, können Sie die Reaktionen Ihres Publikums beobachten. Hört man Ihnen aufmerksam zu? Bemerken Sie bei den Zuhörern während Ihres Vortrags zustimmendes Kopfnicken? Melden sich Personen zu Wort, die eine Frage stellen möchten? Sie erwecken dadurch ein ehrliches Interesse an der Aufmerksamkeit Ihrer Zuhörer. Außerdem verhilft Ihnen der Blick zu bekannten Personen zu Ruhe und Gelassenheit.

Wichtig: Der Blickkontakt fungiert als Feedback-Geber und Beruhigungsverstärker. Er verrät Ihnen die Zuhörerreaktionen und fesselt die Aufmerksamkeit Ihres Publikums.

2. Sie denken beim Vortrag mit

Allzu leicht schweifen die Gedanken beim reinen Vorlesen vom Inhalt ab. Man liest, ohne sich über dessen Bedeutung bewusst zu sein. Das freie Referieren zwingt Sie jedoch zum Nachdenken. Dadurch können Sie auch mit Fragen aus der Zuhörerschaft besser umgehen, sie besser verstehen und beantworten. Positiver Nebeneffekt: Sie erhöhen Ihre Fachkompetenz!

3. Zeit für Körpersprache

Losgelöst von der Zettelwirtschaft, haben Sie Zeit Ihre Hände, ja Ihren ganzen Körper als Stilmittel einzusetzen. Das können Sie gut im Fernsehen bei versierten Rednern beobachten. Ihre Rede erhält ein natürliches Moment und wirkt lebhafter.

Körpersprache, Pointen, Einschübe und schnelles Antworten auf Zwischenfragen erhöhen die Aufmerksamkeit der Zuhörer.

4. Sie sind immer flexibel

Kurzfristige Änderungen, z. B. durch eine aktuelle Nachricht, lassen sich problemlos in die Rede einbetten. Sie können sogar noch während des Vortrags schnell Ergänzungen vornehmen. Eine schriftliche Umgestaltung des Manuskripts dagegen benötigt immer sehr viel Zeit.

5. Pointensetzen leicht gemacht

Nichts klingt unnatürlicher als eine abgelesene Pointe. Sie verleihen einem originellen Zitat, einem Witz oder einem humorvollen Vergleich die Spontaneität, die zu einer gelungenen Rede gehört. Die Lacher haben Sie dann auf Ihrer Seite.

6. Man wird Ihnen Respekt zollen

Ein starres Vorgehen wird von vielen als Unsicherheit, Leistungs-schwäche oder Hilflosigkeit angesehen. Sie verschaffen sich mit dem auswendigen Vortragen den notwendigen Respekt, der die Veranstaltung zu einem erfolgreichen Unternehmen werden lässt. Weiterhin stärkt es Ihr Selbstvertrauen. Was gibt es Angenehmeres, als wenn Ihnen nach einem gelungenen Referat anerkennendes Händeschütteln, Gratulationen, ja sogar Beifall widerfahren. – Einfach wunderbar!

7. Sie entwickeln ein gutes Zeitgefühl

Eine goldene Regel von Medienberatern lautet, dass ein Vortrag nie länger als eine Stunde dauern sollte. Mit den nachfolgenden Informationsspeicherungssystemen sind Sie jederzeit in der Lage, abzuschätzen, wie weit Sie das Thema abgehandelt haben und wie viel noch vor Ihnen liegt. Mit ein wenig Übung können Sie sogar Pufferelemente in Ihre Rede einbauen, die Sie dann problemlos einsetzen oder weglassen können.

Pufferelemente helfen, die Rede auf die gewünschte Zeit auszudehnen bzw. auch gegebenenfalls durch Weglassen zu kürzen.

Wie schafft man es nun, die Fülle von Informationen im Gehirn abzuspeichern, damit ein Redemanuskript überflüssig wird? Zwei Speicherungssysteme zeigen Ihnen, wie das möglich ist.

INFORMATIONSSPEICHERUNGSSYSTEM NR. 1

Fahren Sie in Gedanken zu Ihrer Arbeit

Bitte denken Sie einmal in diesem Augenblick an Ihre tägliche Fahrt zur Arbeit. An welche markanten Punkten oder Gebäude können Sie sich vom Verlassen Ihrer Wohnung bis zur Ankunft am Arbeitsplatz in einer *chronologischen Reihenfolge* erinnern? Ist es zuerst der Briefkasten an Ihrem Haus oder Ihrer Wohnung? Und wenn Sie im Auto sitzen, fahren Sie dann möglicherweise am Zeitungskiosk vorbei? Danach kommt vielleicht ein Kinderspielplatz. Nehmen wir an, Sie überlegen sich folgende zehn markanten Punkte, die Ihnen *nacheinander* begegnen:

Ihre persönlichen Merkpunkte

1. Briefkasten	**1.**	_____
2. Zeitungskiosk	**2.**	_____
3. Kinderspielplatz	**3.**	_____
4. Gaststätte	**4.**	_____
5. große alte Eiche	**5.**	_____
6. Bowlingcenter	**6.**	_____
7. Tankstelle	**7.**	_____
8. Litfasssäule	**8.**	_____
9. Eingangstür Bürogebäude	**9.**	_____
10. Aufzug	**10.**	_____

Überlegen Sie sich zehn persönliche Merkpunkte, die Sie in die vorbereiteten Zeilen eintragen können. Achten Sie bei Ihren Überlegungen darauf, dass die erdachten Gegenstände oder Gebäude nicht bewegbar sein dürfen. So ist z. B. ein Zirkuszelt, das nur einige Tage in der Stadt aufgebaut ist, für dieses System unbrauchbar. Eine wichtige Grundregel, die Sie beachten sollten.

SO FUNKTIONIERT DIE INFORMATIONS-SPEICHERUNG

Nehmen wir einmal an, Sie sollen einen kleinen Vortrag von 10 bis 15 Minuten Länge über den Aufbau des Gehirns halten. Als Orientierung soll hier einmal der Inhalt des Kapitels »Unser Gehirn – Das phänomenale Gedächtnisorgan« dienen, den Sie ja bereits kennen. Sie fassen ihn in zehn Schwerpunkten zusammen:

Schlüsselbegriffe, die den Redeinhalt widerspiegeln, erleichtern die Erinnerung.

1. Kurze Vorstellung **meiner Person**
2. Einleitung mit **Napoleon-Zitat** »Ein Kopf ohne …«
3. Notwendigkeit des **Vergessens**
4. **Zeitgedächtnisse** UKZG, KZG, LZG
5. **Gehirnzellen**

6. Powerdrink (Zeitpuffer)
7. Die Firma Gehirn mit **zwei Gebäuden**
8. Die **linke** Gehirnhälfte
9. Die **rechte** Gehirnhälfte
10. Konsequenzen mit Beispielen (mehrere als Zeitpuffer)

Die fett gedruckten Wörter sind die Schlüsselbegriffe, auf die es ankommt. Sie werden nun gedanklich an die Merkpunkte Ihres Arbeitswegs geknüpft. Wenn Sie dann vor Ihrem geistigen Auge zur Arbeit fahren, werden Sie sich so an die einzelnen Schlüsselbegriffe erinnern. Für unseren kleinen Vortrag über das Gehirn könnte das dann wie folgt geschehen:

Briefkasten – Vorstellung der eigenen Person

Die eigene Vorstellung ist natürlich nur dann erforderlich, wenn man Sie in der Zuhörerschaft nicht kennt. Ein kurzer Hinweis, warum Sie über das Thema reden, schafft schon zu Beginn ein Vertrauensverhältnis. Stellen Sie eine Verbindung zu dem, was Sie über sich sagen wollen, und zu Briefkasten her. Stellen Sie sich z. B. vor, dass Sie in Ihrem Briefkasten Post von einer bekannten Quizshow finden, in die Sie eingeladen werden. Sie werden aufgefordert, kurz und prägnant einiges über sich zu erzählen. Beispiel:

> **Wer der Redner ist und in welchem Bezug er zum Thema steht, ist interessant.**

»Meine sehr verehrten Damen und Herren. Eigentlich wollte ich schon nach dem zweiten Semester meines Studiums der Elektrotechnik resigniert aufhören. Zu schwer und viel zu umfangreich erschien mir der Stoff, den ich nur mühsam lernen konnte. Erst das Wissen über die Funktionsweise des Organs, das für das Lernen verantwortlich ist – unser Gehirn –, brachte die Wende. Ich, Peter Kruppa, schaffte schließlich problemlos das Diplom in überdurchschnittlichem Tempo mit einem guten Resultat. Das alles verdanke ich dem richtigen Einsatz meines Gehirns. Ich werde Ihnen heute von diesem einzigartigen Teil unseres Körpers berichten!«

Tipp: Auf Seminaren oder Kongressen ist es wichtig, sich kurz den anderen Teilnehmern vorzustellen, etwas über seinen Beruf, seine Funktion und seinen Arbeitsbereich zu erzählen.

Zeitungskiosk – Napoleon-Zitat

Lassen Sie in Ihrer Phantasie Napoleon erscheinen, wie er gerade an Ihrem Zeitungskiosk eine Rätselzeitschrift kauft. Majestätisch sagt er zum Verkäufer: »Ein Kopf ohne Gedächtniskraft ist wie eine Festung ohne Besatzung.« Ich weiß, das klingt verrückt, aber Sie merken es sich dadurch besser! Der mögliche Redeeinstieg in das Thema mit diesem Stilmittel könnte lauten:

»›Ein Kopf ohne Gedächtniskraft ist wie eine Festung ohne Besatzung‹. Napoleon der I., bekannt als Kaiser von Frankreich, Feldherr und genialer Stratege, hatte bereits die Wichtigkeit des Gehirns erkannt. Von ihm stammt dieser bemerkenswerte Ausspruch, der auch heute noch Gültigkeit hat. Was geht nun tatsächlich unter unserer Schädeldecke vor, und wie können wir die gewaltige Kapazität des Gehirns besser ausnutzen? ...«

Jetzt sind Sie am Zug

Erstellen Sie nun selbst einmal für die restlichen Redepunkte gedankliche Zusammenhänge zu den Stationen auf Ihrem Arbeitsweg. Sie werden schnell merken, wie einfach sich dann die Daten aus Ihrem Kopf abrufen lassen, wenn Sie gedanklich zur Arbeit fahren.

ES GEHT AUCH ANDERS – INFORMATIONS-SPEICHERUNGSSYSTEM NR. 2

Dieses Informationsspeicherungssystem ist auch auf andere »Informationsanhänger« anwendbar. So können Sie z. B. eine Reiseroute durch Deutschland oder Europa wählen. Eine gute Möglichkeit bietet auch Ihre Wohnung. Verbinden Sie zu merkende Daten phantasievoll mit fest stehenden Gegenständen (z. B. Küchenherd). Beim Durchschreiten der Wohnung in einer festgelegten Reihenfolge erinnern Sie sich dann wieder an die Informationen. Für umfangreichere Reden empfehle ich Ihnen, das Alphabet zu benutzen. Unter Verwendung von Schlüsselwörtern, die Sie sich nur einmal merken müssen, lassen sich dann insgesamt 26 Schlagwörter bzw. Abschnitte abspeichern. Machen Sie den Versuch!

Die Schlüsselwörter der Rede an Vorstellungen zu binden oder dabei dem Abc zu folgen, ist äußerst hilfreich.

Schlüsselwörter für das Vortrags-Abc

1. Aal	10. Jäger	19. Safe
2. Bahn	11. Kai	20. Tasse
3. China	12. Laster	21. Ufo
4. Dame	13. Made	22. Vase
5. Ei	14. Nase	23. Wal
6. Faden	15. Oase	24. Xylophon
7. Garten	16. Party	25. Yacht
8. Hahn	17. Qualle	26. Zange
9. Igel	18. Rabe	

IST IHRE SPRACHE O. K.?

Anders als beim Lesen kommt es beim Vortragen nicht so sehr auf das Tempo an. Vielmehr ist eine klare und deutliche Aussprache wichtig. Mit der richtigen Betonung, von Sprachanalytikern Intonation oder Satzmelodie genannt, bekommt Ihre Rede das rhetorische Element, das zu mehr Spannung verhilft. Hier einige Tipps, wie Sie Ihre Aussprache verbessern können.

Ihre eigene Sprache kennen lernen

Analysieren Sie Ihre eigene Sprache. Lesen Sie eine Seite aus einem Roman laut vor, und nehmen Sie Ihre Stimme auf Band auf. Achten Sie nun beim Abhören bewusst auf Mängel, wie z. B. die Verwendung von Füllsilben wie äh, mhh, tja, usw. oder das Verschlucken von Silben. Ist das Sprachtempo angemessen?

Das freie Sprechen üben

Trainieren Sie die eigene Aussprache. Gute Übungen sind:
- Tragen Sie bei passender Gelegenheit kleinere lustige Episoden oder Witze unter Bekannten vor.
- Erklären Sie einem Arbeitskollegen einen fachlichen Sachverhalt. Sie werden an seinen Rückfragen sehr schnell erkennen, wie gut er ihn verstanden hat.

- Halten Sie spielerisch Ad-hoc-Reden, zusammen mit Freunden. Schreiben Sie 20 Themen (z. B. Urlaub, Tennis, Geld usw.) auf einzelne Zettel, die Sie in eine Losschachtel geben. Jeder muss nun reihum ein Los ziehen und sofort ohne Vorbereitung eine fünfminütige Rede halten.

- Zeichnen Sie einen imaginären Zuhörer auf ein Blatt Papier, und hängen Sie es an die Wand. Ihm können Sie beruhigt Ihre Rede vortragen, der sie danach in einer Generalprobe vor Bekannten den letzten Schliff geben.

Freies Sprechen sollte man vorher im Freundeskreis üben.

- Die Scheu, vor Publikum zu stehen, können Sie leicht ablegen, indem Sie beispielsweise einen Schauspielkurs belegen oder bei einer Laienspielgruppe mitmachen. Meistens genügt ein Blick in das Kursangebot der Volkshochschule.

DAS TRAININGSKONZEPT – LÖSUNGEN

Seite 27
3. Die versteckten Figuren

Seite 28
Ländersalat
Nach und nach ergibt sich die Länderfolge: DEUTSCHLAND –
SCHWEIZ – PERU – BELGIEN – USA – CHINA – DÄNEMARK –
KENIA – IRLAND – POLEN

Seite 30
Logische Wortbrücken finden
ZUG – Zugvogel – Vogeleier – Eierschalen – Schalenkoffer –
Kofferträger – Trägerkleid – **KLEID**
ROT – Rotfuchs – Fuchsbau – Bauland – Landwein – Weinberg –
Bergstraße – **STRASSE**
GELD – Geldschrank – Schranktür – Türschloss – Schlosshof – Hof-
hund – **HUND**
TERMIN – Terminkalender – Kalenderblatt – Blattgold – Goldfisch
– Fischbesteck – **BESTECK**

Seite 31
Logische Zahlenreihen
1) 10   11   (immer um 1 erhöhen)
2) 14   16   (immer um 2 erhöhen)
3) 104   92   (von jeder Zahl, bei 2 beginnend, eine um 2 ansteigende Zahl abziehen, also 134 [– 2], 132 [– 4], 128 [– 6], 122
[– 8] usw.)
4) 172   171   (zuerst mit 4 multiplizieren und dann für die folgende Zahl 1 abziehen, diese mal 4 nehmen usw.)
5) 45   48   (zwischen den Zahlen finden folgende Rechenopera-
tionen statt: erst 3 addieren, dann dieses Ergebnis für die
nächste Zahl verdoppeln und dann wieder 3 abziehen)
6) 59,05   53,15   (immer um 10 Prozent kleiner werden)
7) 71   134   (erst 5 addieren, dann aus den vorangegangenen
beiden Zahlen die Summe bilden, dann 6 addieren, wieder die
Summe bilden, dann 7 addieren usw.)
8) 43   7   (Hier verlaufen zwei logische Folgen zwischen den
Zahlen: zum einen die Quersumme bilden und zum anderen
immer um 4 ansteigend addieren: 3 [Quersumme von 3 ist 3],
3 (+ 4), 7 [Quersumme von 7 ist 7], 7 (+ 8), 15 [Quersumme
von 15 ist 6], 6 (+ 12), 27 [Quersumme von 27 ist 9], 9 (+ 16),
43 [(Quersumme von 43 ist 7], 7 usw.

Seite 31
Analogien bilden
1) Hand   **2)** Skulptur   **3)** Dollar   **4)** Kochtopf   **5)** Nahrungsmittel

Seite 32
Ein echtes Chefproblem
Tisch 1 (Fensterplatz)   Bewerber 5
Tisch 2   Bewerber 3
Tisch 3   Bewerber 4
Tisch 4 (Raucherplatz)   Bewerber 1
Bewerber 2 wird somit nicht eingestellt.

Seite 33
Dreiecke zählen
Insgesamt kann man 60 Dreiecke zählen.

Seite 34
Ein Frühstücksproblem
In beiden Tassen befindet sich das gleiche Mischungsverhältnis.

Seite 34
Figurenpuzzle
I. c, e, f
II. a, d, e

AHA-AUFGABEN – LÖSUNGEN

Seite 54
Logische Schlussfolgerung
Das fehlende Symbol sieht so aus:

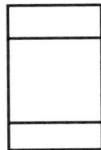

Es handelt sich hierbei um das Alphabet. Jeder Buchstabe ist viermal gespiegelt abgebildet.

Seite 54
Verhältnisgleichung
Der Korken kostet 5 Pfennig.

Seite 54
Schöpfproblem
Zuerst den 5-Liter-Eimer füllen, dann damit den 3-Liter-Eimer füllen, dann diesen leeren. Es bleiben 2 Liter Wasser im 5-Liter-Eimer, die in den 3-Liter-Eimer gegossen werden. Erneut den 5-Liter-Eimer füllen. Jetzt mit dem 5-Liter-Eimer den 3-Liter-Eimer auffüllen (1 Liter), so dass genau 4 Liter Wasser im 5-Liter-Eimer verbleiben. (Es gibt auch noch eine zweite Lösung. Finden Sie sie heraus!)

Seite 55
Schafherden
Schäfer A besitzt 5 Schafe, Schäfer B genau 7 Schafe.

Seite 55
Den Buchstaben T konstruieren
So sieht die Lösung aus:

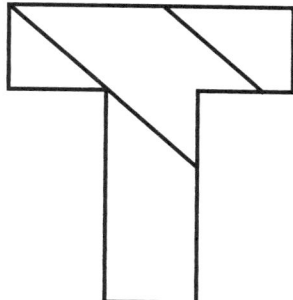

Seite 56
Wildrevier
Es kann maximal 100 Meter bis zum Mittelpunkt des Walds hineinlaufen. Danach würde es ja wieder hinauslaufen! Übrigens berechnet sich die Lösung nach der Formel für den Kreisumfang.

Seite 56
Wo liegt der Fehler?
Es dürfen nicht beide Seiten mit dem Ausdruck $(x - x)$ gekürzt werden (6. Zeile). $x - x$ ist nämlich null. Eine Division durch null ist in der Mathematik verboten!

Seite 56
Die Skatrunde
Alle drei Skatspieler heißen Niemand.

Seite 56
Würfelaufbau
Würfel d

Seite 57
Familienbande
8 Personen (2 Eltern, 5 Söhne und 1 Tochter)

Seite 57
Rechtwinklige Zugfahrt
Sie befand sich auf einer Rangierdrehscheibe.

Seite 57
Buchstabenlogik
Z und B
Es sind die Anfangsbuchstaben der Aufgabenstellung!

Seite 57
Wortwahl
1) Cremedosen
2) Brei
3) Saft
4) Eber
5) Essen

Seite 58
Namenssuche
Kurt Axe, Peter Silie, Kai Serschnitt, Heinz El Männchen, Hans Aplast, Ali Mente, Ellen Bogen, Mari Nade, Jack Pot, Theo Retisch

Seite 58
Hochprozentiges Erbe
Kind 1 erhält 4 volle, 6 halb volle und 4 leere Fässer.
Kind 2 erhält 6 volle, 2 halb volle und 6 leere Fässer.
Kind 3 erhält 4 volle, 6 halb volle und 4 leere Fässer.
Insgesamt erhält jedes Kind 14 Fässer und 7 Fassfüllungen.

Haftung

Autor und Verlag bemühen sich um zuverlässige Information. Fehler und Unstimmigkeiten sind jedoch nicht auszuschließen. Eine Garantie für die Richtigkeit der Angaben kann deshalb nicht gegeben werden. Eine Haftung für Schäden und Unfälle wird aus keinem Rechtsgrund übernommen.
Für Korrekturhinweise, Ergänzungen oder Verbesserungen ist die Redaktion dankbar. Schreiben Sie an:

> Südwest Verlag
> Redaktion
> Goethestr. 43
> 80336 München

Anmerkung der Redaktion:

Diesem Buch liegt die im Juli 1996 in Wien beschlossene und seit 1.8.1998 verbindliche Neuregelung der deutschen Rechtschreibung zugrunde.

© 1998 by Südwest Verlag GmbH in der
Verlagshaus Goethestraße GmbH & Co. KG, München
Alle Rechte vorbehalten. Nachdruck – auch auszugsweise –
nur mit Genehmigung des Verlags.

Redaktion: Cornelia Osterbrauck
Projektleitung: Antje Eszerski
Redaktionsleitung: Dr. Reinhard Pietsch
Umschlag: Till Eiden
Illustrationen: Eckhard Hundt
DTP-Produktion: Fotosatz Völkl, Puchheim
Produktion: H + G Lidl, München

Gedruckt in Italien

ISBN 3-517-07722-4

Aufgabenverzeichnis

Register